生活勵志
050

眼界，決定你的世界

31個逆轉人生的新觀點

何權峰｜著

高寶書版集團

〈自序〉眼界，決定你的世界

常聽人說，到國外求學，開闊眼界；出國旅遊，打開了眼界。有些人則是參與了某項活動、經歷了某件事或是跟某人在一起後，眼界都不一樣了。

什麼是眼界？簡單說就是看待事物的寬度和廣度。

從小，在制式的教育體系下，我們不停被灌輸同一套觀念，而這套觀念包括了價值觀、幸福觀、生活觀，鮮少有人可以走出這一個框架；加上社會以及媒體不斷傳遞，不停告訴我們什麼是好的、什麼是壞的，什麼是美的、什麼是醜的，什麼是有價值、什麼沒價值；於是，我們也就限縮了自己的視野，用它們來審視他人、評斷自己，用它們來衡量自己是否幸福快樂、是否富有、是否有成就。

很少人去質疑：「這是真的嗎？這是不是自己真正喜愛或想要的？」於是，大多數人便迷失在這些世俗的觀點裡，甚至失去了該有的自信、應有的快樂，還有享受人生的權利。

很不可思議吧！這世界如此寬廣，我們卻將自己的眼光放在狹隘的巷子裡？這也就是為什麼要寫這本書。我發現許多人都受自己錯誤觀念的影響，以至於做出一些和追求幸福快樂背道而馳的事。

譬如，某個人竭盡所能地追求財富，寧願犧牲一切來獲得它，那麼很顯然，此人認為金錢能帶給他快樂。但如果這觀念並不正確呢？或許這人不快樂的原因根本與金錢無關，那麼他努力賺錢有意義嗎？這會給他帶來幸福嗎？

有位家庭事業兩頭忙的主管，被醫院診斷出罹患癌症，以為自己將不久於人世，於是懷著惡劣的心情出國散心。但這趟旅行，不僅讓她開了眼界，也讓她的人生觀徹底改變，不再汲汲營營地追逐金錢與權勢。回國後，她毅然決然辭去工作，打點細軟準備接受治療，結果至醫院複診時，竟發現腫瘤沒了！從此，她學會享受人生，及時行樂。

我也聽過許多人在經歷某個人生轉折後，開始活出自己；有人從此投身公益，積極行善。這些都是因開闊眼界而提升了境界——從人生的寬度和廣度，轉化到深度和高度。

當然，人不一定要遇到什麼大災大難或雲遊四海才能「眼界大開」。我們身邊不乏有經常遊山玩水的人，也不乏經歷豐富之人，但其心胸不見得比一般人寬廣多少，不是嗎？重要的是你是否用心去感受每處的風景；是否用心體悟每一次經歷；是否用開闊的視野看待每一件事。

這個世界依舊，不同的只是我們的觀點。如果能看見更多不同的事物，就表示你的「眼界」變寬了；如果能容納更多不同的意見，就表示你的「心胸」變廣了；如果你能去關心更多不同的人，就表示你的「格局」變大了！

格局，決定結局；眼界，決定境界。你的眼界有多大，你的世界就有多大。

Part 1

除了錢，你還看到什麼？

目錄

Part 2

人生最美，是最有感受的人

Part 3

為什麼別人會跑進你腦袋裡？

Part 4

凡事都是「為自己」做的

Part 5 雨過天晴，轉念好心情

目錄

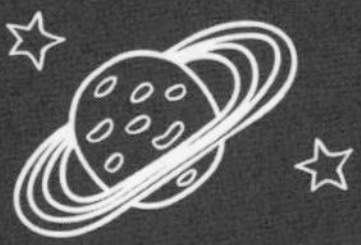

如果我們的心，
無時無刻不被「沒有的東西」占滿；
卻不叫自己享受生命所擁有的一切，
當然感覺不到自己富有。

Part 1

除了錢，
你還看到什麼？

什麼是便宜？什麼是貴？

這個世界上價值一塊錢的東西，不會只賣一塊錢，如果價格低於實際價值，就無法獲利。虧錢的事沒人做，為了讓消費者心甘情願掏腰包，就必須刺激他們的購買欲望，而最重要的就是讓大家認為商品確實有其價值。

反過來，我們在買東西時，多半認為商品所帶來的價值大於或等於其價格；如果價值低於價格，那就沒有購買動機了。

既然如此，為什麼還有人會花冤枉錢？這是因為人們的價值迷思，常以商品價格來認定其價值。

所以，想知道一個東西是否有價值，第一步就是要先認清：價格不等於價值。

貴的東西雖然通常比較有質感，但越貴未必買得到越好的東西。那些背著五萬元包包的人，難道就比背著五千元包包的人有氣質、有品味？吃燕窩的人，難道就比吃白木耳的人更健康？買最貴的樂器，難道就能從只會彈《小蜜蜂》變成會演奏《大黃蜂》？

價格是你付出的，價值是你得到的

年僅七歲的富蘭克林很喜歡吹笛子，有一天，他帶著辛苦存起來的錢到樂器行買了他心儀已久的笛子，興奮的富蘭克林也不講價，將錢放在櫃臺上，拿了笛子就走了。

回到家中，富蘭克林高興地吹着笛子，此時，他的兄姊們問起他笛子的價格。

「什麼，你把存來的錢全都花在這支笛子上？」他哥哥問。

「一支笛子根本不需要這麼多錢，你白花了！」他姊姊說。

兄姊們你一言、我一語地嘲笑他是冤大頭，禁不起嘲笑的他因此氣哭了。

這件事情對富蘭克林的影響無比深遠，不管他活到幾歲，總會記得這件事，還有他因氣憤而失去了擁有笛子的喜悅感。

不過，當富蘭克林年紀增長後，他發現世上有很多人其實都在做著超付笛子錢的事情，他說：「人類的悲哀，大部分來自他們對價值的估計錯誤，因此付出過多的鈔票！」

價格是由別人掌控，價值卻是存在每個人心中

什麼是便宜？什麼是貴？

「一個皮包賣五萬元算貴嗎？」有次我在課堂上問。

「這要看對誰來說，對我來說是的，因為我沒有那麼多存款，目前也不可能賺到。」一位學生說：「但對有錢人可能就不同了。」

他說對了嗎？當然不是，用來定義一個東西到底昂貴或廉價，是比較其價格的高低與價值的多寡，而非用其價錢去比較你的存款來衡量。

一部新車賣五萬元是便宜的，不管你有沒有錢，這價格都是便宜的；一個包包五萬元是貴的，不管你存款再多也一樣。

所謂的昂貴，是指那個東西的價格超過本身實際的價值；如果價值遠超過價格，那就是便宜。

年輕時，無法感受到自我的價值，想用名牌來展現自己的能力，因此常買超出價值的東西；等到達某個人生階段，我才明白自己的風格與需要，是不是名牌已經不重要，只要穿戴、使用起來舒適，能呈現自己的特質即可；真正的價值是買到便宜又好用的東西。

有個商人父親對兒子說：「物以稀為貴。一匹好馬是稀罕的，因此牠很貴。」

「可是，」兒子反駁道：「一匹便宜的好馬，不是更稀罕嗎？」

一點都沒錯，價格往往是由別人掌控，而價值卻是存在每個人心中。能買到便宜又喜歡的東西，才是真正的「有價值」。

買到「物超所值」有兩種人，一種是聰明人，一種是愚民。

吃當令、當季的水果，便宜好吃又健康；穿著平價卻是自己喜歡款式的衣服，就有個人風格；在地攤上花五百元買的包包，別人都猜是五千元買的，就是買到物超所值的聰明人。

反之，想買的是衣物、用品，錢卻花在標誌或品牌上；在地攤上花五百元就可以買到的包包，卻花五萬元到精品店去買，甚至開始崇拜起這包包，這種「物超所值」就是愚民。

重新定義所謂的成就

什麼是成就？

對一個學生而言，成就就是考試得到好成績；

對一個業務代表來說，成就就是完成一筆交易；

對一個老闆來說，也許要有一部賓士轎車停在門口，或是存款有九位數才算成就。

但這就是成就嗎？如果成績好卻品性差，完成交易卻與人交惡，賺到財富卻失去家庭幸福，這樣也算成就嗎？

不久前，有位男士告訴我，多年來，他全神貫注於工作，變成一個工作狂。諷刺的是，他過度工作是為了家庭，但這個家最後卻「妻離子散」。

我也見過很多事業有成的人，比如名醫，他們門診病人爆滿，或是一些企業家，賺的錢一輩子都花不完；他們雖然生意很成功，但生活卻很失敗。許多人在中年以後就失去人生方向，開始酗酒，生活變得無趣；有人甚至因盲目追求而自毀前程。

事業的成功，無法彌補人生的失敗

曾讀過一則報導：

二十世紀中期，美國有一群赫赫有名的大金融家，包括——

一、最大的鋼鐵公司總經理；
二、最大的公用事業公司總經理；
三、最大的小麥批發商；
四、紐約股票交易所經理；
五、總統內閣成員；
六、最大的空頭生意投機商；
七、一家大銀行的行長；
八、跨國投資公司的總裁。

他們手中掌握了超過美國國庫總額的財富，紅極一時，但二十五年後，你知道他們怎麼樣了嗎？

一、鋼鐵公司總經理破產，死前五年全靠舉債度日；
二、公用事業公司總經理亡命他鄉，身無分文地死在異鄉；

三、小麥大盤商人因破產死於國外；

四、股票交易所總經理正在某監獄服刑，已申請假釋；

五、內閣成員服刑期間獲特赦，死於家中；

六、投機商投資失敗，自殺身亡；

七、銀行行長因冒貸案，自殺身亡；

八、跨國投資公司總裁亦自殺身亡。

與孩子無所不談也是一種成就

或許有人會說，人生本來就是要追求更大的成就，不是嗎？可是，更大的成就會讓你的家庭更幸福嗎？會讓你與家人的關係更好嗎？會讓你的父母更歡喜？讓周遭的人更受益嗎？會危及你的健康嗎？

成就有很多面向，身體健康是成就；煮一道美味佳餚是成就；與家人、朋友、同學、同事相處融洽是成就；伴侶對你滿意是成就；受到大家愛戴是成就；與孩子無所不談也是一種成就。

即便是孩子，成就也是多元的，不該單用學科的尺來度量。有些孩子具有藝術或運動潛能，都是很好的專長；有些孩子對讀書不感興趣，但對敲敲打打很有興趣，父母就要鼓勵孩子往技能方面發展。孩子的多元成就，需要父母的多元價值相互配合，才能造就光明的未來。

成就應該是全面性的，不要為了追逐片面成就而犧牲其他成就。也許你沒有得第一名，也許你錢賺得不多，但你的家人和朋友都深愛著你；請問這樣的幸福沒價值嗎？沒有成就感嗎？

重新定義所謂的成就吧！

從生活的經驗裡，我發現人最「失衡」的部分往往對人影響最大。比如，有人很會讀書，卻不會待人處事；事業有成，身體卻亮起紅燈；在外如魚得水，家庭關係卻一塌糊塗。很不幸的，這部分往往就是人們最大的遺憾。

要擁有真正圓滿的人生，就必須在所有面向都取得平衡，如果我們無法求取平衡，短期內可能是成功的，但長久下來，不但讓人疲憊不堪，也很難感到幸福快樂。想想，這樣的成就不是很可笑嗎？

不要錢的往往都是最珍貴的

前陣子兒子的書包裡總會多了點東西：貼紙、圖畫、舊紙卡、用過的玩具等。一問之下，才知道是他與同學交換或互贈而來的「禮物」。有次，我見他書包裡有幾張被壓皺的圖畫，看來「沒什麼價值」，順手就往垃圾筒裡丟，誰知兒子焦急地撿回來，並嚷著說：「是同學送給我的，怎麼可以丟掉！」

我想想也對，禮物的價值不在它的價錢，而在它的意義，尤其是友誼、美與愛這類情感，更是無法用錢來衡量。

用錢衡量事物，以至於無法看到最珍貴、最有價值的事

一張塗鴉或許不值錢，但送禮的心意與創意卻無法計價；一棟房子的價錢可以計算，我們對這棟房子的感情卻難以衡量；餐廳的菜色是有價的，但周遭的景色卻是無價。

法國作家聖埃克蘇佩里，在《小王子》中揶揄道：對於大人們，你談論一幢房子的顏色多麼鮮豔，上面爬滿了多麼漂亮的花和藤之類的，他們根本無從了解，但只要你說那幢房子是花成千上百萬元買來的，他們肯定會驚呼：多美的房子啊！

人都太習慣用錢來衡量事物，以至於無法看到最珍貴、最有價值的事。

我很喜歡陪孩子到墾丁度假，除了那裡很讓人放鬆之外，還有一項最珍貴的原因，就是感受熱情。想想，一群來自不同地方、不同身分的人，能在時空交錯下同在一個海灘上，隨著一波波海浪歡樂尖叫，感覺真好！

旅遊住宿是有價的，但孩子的笑聲無價。在沙灘上逐風踏浪，累了就坐下來吹吹海風，觀海聽濤，有藍天白雲相伴外，更可欣賞粼粼的海上波光，感受生活的「小確幸」；這都是不需要花錢就可以得到的。

心意無價，值得一生典藏

人們常說：「不要錢的往往都是最貴的。」這句話應該改成「不要錢的往往都是最珍貴的。」如果你懂得去欣賞感受，就會發現。

我想起一則故事：

在非洲，有個小女孩送給她的老師一件聖誕禮物，是個漂亮的貝殼。老師問她：「妳從哪裡得到這個貝殼的？」小女孩說這種貝殼只有在離此很遠的一處海灘才有。

老師非常感動，因為她知道小女孩必須走好幾哩路才能找到這個貝殼。老師對女孩說：「哦，它真是太美了。但妳實在不必走那麼遠的路，去為我帶禮物。」

小女孩笑著回答說：「老師，走遠路也是禮物的一部分。」

我抽屜裡一直擺著一張「父與子」的塗鴉，那是兒子五歲時畫的。當年他送我時，我邊看邊笑，因為我有點被「醜化」了，但原始的筆觸呈現出純真的童趣，加上父親牽著孩子的模樣溫馨感人，當下就決定要把它保存起來。
沒錯，心意無價，值得一生典藏。

房子是有價的，但家是無價的；
禮物是有價的，但心意是無價的；
買賣是有價的，但信用是無價的；
工作是有價的，但健康是無價的；
旅遊是有價的，但感動是無價的。

當你檢視自己所有的資產時，你是否會將這些無價的事物包含在內？
幫你忙還請你客的朋友、被嫌囉嗦還苦口婆心的父母，以及帶著燦爛笑聲的孩子，這些都是無法用金錢來衡量的資產。

真正有價值的事物都是無價的。

選對價值觀，就是有價值的人生

有個人從地底掘出一座絕代佳人的大理石雕像，於是他拿著它到一位喜歡各種藝術珍品的收藏家那裡求售。結果收藏家用高價買下這尊雕像，雙方都很滿意。

在回家的路上，他拿著錢邊走邊想：「這筆錢能讓人過得多麼快活！石雕是死的，怎麼會有人願意花這麼多錢買它呢？」

而收藏家卻邊欣賞著雕像邊思索著：「多麼美麗、多麼栩栩如生！怎麼會有人不要這偉大的傑作，而要既無生命又無美感的鈔票呢？」

這個世界上充滿各式各樣的價值，從物品的價值、事情的價值，到人的價值。只要你稍微留意周圍的人，就會發覺每個人都站在不同的觀點看事情，所以大家對生命和事物的反應都有差異，這便是價值觀。

不接受的寶物才是最珍貴的

有人認為一本書兩百元很貴，卻願意花兩千元去吃大餐，端看這個人的價值水平，是要上升到大腦，還是下降到腸胃。人們花錢的判斷，可以明確透露他們的價值觀。

價值觀也是一種處理事情、判斷對錯、選擇取捨的標準。例如，某人很重視友誼，所以當他必須在友情和個人利益之間做選擇時，便會放棄個人利益，選擇保護友情；貪圖私利的人則會重利忘義；重視道德操守的人，就會講求品德和信譽。

在《韓非子》中有一則寓言故事：

宋國的老百姓在耕田時挖到一塊玉。百姓們認為是上天的恩賜，便想將它獻給勤政愛民的「司城」長官子罕，可是子罕卻不接受。

老百姓懇請他接受，並說：「這是我們老百姓認為最珍貴的東西，希望您能接受它。」百姓們又是獻、又是請的，可以看出子罕多麼受他們的愛戴。

但是，子罕依然婉言謝絕，並對他們說：「你們以玉為寶，我是以不接受為寶。人的品格很重要，不貪的品格是無價之寶。你們把寶玉當作珍寶，我卻把不貪看作珍寶，如果我收了你們的寶玉，那我們不都失去了自己的珍寶嗎？」

從此，宋國的長者都說：「子罕不是沒有寶，而是他的寶跟別人不一樣罷了！」

自我價值，不是來自別人，而是你對自己的評價

價值觀同時也是做人做事的準則，用來評斷自我價值的依據。

有個醫學生暑假到學校附近的餐廳打工。一天，我正巧路過，就問她做得還好嗎？她一臉委屈地說：「唉，老師，我覺得有點自貶身價。」我問她怎麼了？原因是因為老闆公開罵她：「虧妳是高材生，連端個碗盤這麼簡單的事都做不好！」我告訴她：「這怎麼

會是自貶身價？下次妳再聽到老闆這樣說，就告訴自己：這高材生連端碗盤都願意去做，真不簡單！」

一個人的自我價值，不是來自別人，而是你對自己的評價。像現在一些美國高中生，已不熱中打工，反而寧願接受不支薪的實習工作，以獲得寶貴的工作經驗，對將來就業或申請大學比較有利。他們認為，實習獲得工作經驗，比傳統暑期打工所賺的錢更有價值。

又好比史懷哲醫生、德蕾莎修女，以及陳樹菊、嚴長壽、施振榮、證嚴法師，這些人為什麼廣受推崇和景仰，他們創造的價值是什麼？

就是以服務為人生目的的價值觀，對嗎？選對了價值觀，就是有價值的人生。

購買名牌對大多數人來說，是為了提升自我價值，但他的價值卻是來自身上的名牌與別人欽羨的眼神，而不是自己。如果今天沒有那件名牌，就沒有人知道他的價值的話，那除去這些外在「包裝」，他還剩下什麼？

人們喜歡被人服務，為自己服務的人越多，自我價值就越高。但反過來看，自己好好一個人，卻得要依賴那麼多人，價值反而降低了，不是嗎？

重新檢視你的價值觀，看看它是真的幫你「增值」了嗎？

什麼是富有？

怎樣的人生才算富有？

「富有」這個字會讓人立刻聯想到錢，還有錢能買到的東西。但要賺多少才算夠呢？有人覺得富有是擁有一部賓士車；有人卻認為是要買一架私人飛機才算。富有的定義是相當主觀的。

一位年輕經理正在為妻子的生日發愁，儘管他年薪數百萬，但全拿去買了時髦的服飾、漂亮的別墅、進口汽車、交際應酬……。妻子生日那天，他只買了一束花和蛋糕，妻子一臉不悅，他的眉頭也皺了起來。

反觀一位年輕技工，薪水微薄，下班後他到花店買了一朵妻子最喜歡的花，送給她當生日禮物。當他將藏在身後的花朵拿出來獻給妻子時，妻子臉上洋溢著幸福，直說：「好美，謝謝你。」兩人互看一眼，都眉開眼笑。

你覺得誰比較富有？

其實我已經很富有

一個人會不滿，不是因為他少了什麼，而是因為他不知足。

年輕時，我也曾過得很「窮困」，因為買不起我想要的東西。

想買機車沒錢、想買隨身聽沒錢、想買釣具錢又不夠……，那陣子過得真的很鬱悶。直到後來發現我的姊弟一樣沒車、沒隨身聽、沒買釣具，他們也沒鬱悶，我才領悟到，我之所以不快樂，是因為自己的「貪欲」。

如果我堅持一定要買負擔不起的東西，當然會覺得自己窮困；反過來，如果我看見自己擁有的東西，像不愁吃穿、手足間感情很好、家庭健全美滿、身強體健……，就會知道其實我已經很富有。

這故事許多人應該都聽過：

有個貧窮的人覺得自己身無分文，很羨慕那些有錢人。有個富翁知道了他的想法，就跑去和他說，我用十萬買你一隻腳，你願意嗎？他說不願意。富翁又說，那五十萬買你一隻手，你願意嗎？接下來，不論富翁提議什麼，他都不願意。最後富翁說，你全身上下加起來，已經超過好幾千萬，你怎麼會是身無分文呢？

知足了，要求就少；要求少了，人就幸福！

你到醫院去看看，有多少人每天面臨生死關頭，受病痛折磨。有人肢體殘障；有人不孕；有人孩子一出生就不健全……，我們已經很幸福了。

有位學生告訴我，他姊姊的小孩一出生就發現腦部受損，擔心將來會對智力造成影響，全家人因此都陷入愁雲慘霧當中。

我能理解那種焦慮不安，但我也聽過一位智能不足的孩子的母親說：「聽到孩子喊我一聲媽，真的好高興，心情不只像中樂透，簡直是贏得全世界！」

有人後悔生了小孩，但我也聽過一位太太眼眶含淚地說起辛苦懷孕的過程：「盼了十年，終於當了媽媽，生了一對雙胞胎兒子，真的很感動。」

有人嫌父母囉嗦，但最近醫院有個中風失語多年的老先生，他在家人和治療師的引導下，竟能再度開口說話，家人都喜極而泣，連老翁自己也流下眼淚。

你去觀察那些幸福的人，他們並非擁有一切最好的東西，而是去看已經擁有的東西。因為知足了，要求就少了；要求少了，人就幸福了！

不看自己擁有的，當然感覺不到自己富有

也許你認為要得到某些東西才能滿足，但你捫心自問：「這些

東西真能帶來滿足嗎？」你不妨想想：「你是如何感到滿足的？」是用嘴巴？眼睛？還是胃？滿足到底從何而來？滿足感是來自你心裡，對嗎？

「若不是以金錢計算，我那時很富有，陽光中的時間，夏天的日子……」梭羅這句話是在回想他童年時熟悉的華騰湖。孩子可以到湖上，躺在小艇的椅子上，懶洋洋地從湖岸這一邊漂到另一邊，水鳥和燕子在四周點水。

是啊！如果我們的心，無時無刻不被「沒有的東西」占滿了；卻不叫自己享受生命所擁有的一切，當然感覺不到自己富有。

被媒體稱為臺灣「首富」的郭台銘，在他的前夫人病逝時，曾接受媒體訪問。他說：「我覺得自己很貧窮，我沒有時間好好陪家人，父親逝世前，我人在國外，接到電話趕回來見他最後一面時，他已經沒辦法回應了。

「我最快樂的事，就是媽媽親自下碗麵給我吃，我就滿足了。」

我非常佩服，他很清楚什麼是「富有」，也遺憾他「富」到家人都「沒有」。想想，你身邊有家人陪伴，隨時可以吃到媽媽煮的菜，這樣真的很富有，不是嗎？

猶太法典《塔木德經》提到：「誰富有？樂天知命的人。」喜愛華麗的人，再美也會感到不足；個性貪婪的人，再多也會感到不夠。

所以，人要懂得知足感恩，當欣然感激漸漸增長時，我們內在會產生一股強大的滿足感，這就是幸福；最幸福的人最富有。

希臘哲學家克里安德見多識廣，博學多聞，在他八十高齡時，有人問他：「誰是世上最富有的人？」他斬釘截鐵地說：「知足的人。」

是的，沒有一個滿足的人是窮困的，也沒有一個不滿足的人是富有的。

擁有、享有、占有

你想過嗎？這一生當中，你究竟「擁有」多少？又「享有」多少？

在時間上，你「擁有」數十年人生，但你可曾「享有」幾分自在清閒？

在空間上，你「擁有」好幾棟房子，但你可曾「享有」幾個歡喜日子？

我有朋友在臺中七期買了棟豪宅，加上裝潢花了近一億元，應是人人稱羨了吧？但他卻不快樂！因為他覺得他的理想還沒有達成，他還要去追尋。很顯然他只是「擁有」房子，並未「享有」。

我也認識一些「有錢人」，屋裡擁有頂極的廚房，最高檔的廚具、櫥櫃和流理臺一應俱全，但屋主卻天天外食；收藏了各種名畫、古董，但卻沒有一件看得懂；整棟豪宅經常空無一人，它的主人哪裡去了？他們正忙著賺錢，以支付高額的房貸和管理費。這些人都只是「擁有」，卻沒有能力「享有」。

真正的快樂來自「享有」，而非「擁有」

「擁有」與「享有」大不相同。以金錢為例，一個人擁有的財富，究竟有多少是真正屬於他的？事實上，一個人的財富，只有他用掉的才算是屬於他的，或者說，曾經屬於他。用掉之前，它只是銀行戶頭、會計簿裡的一個數字。

一個富翁之所以富有，也不是因為堆滿貨品的倉庫，以及一本萬利的生意，而是表現在他是否有足夠空間及時間來享受生活。

現在社會比從前富裕，但絕大多數人卻比以前不幸福，因為我們誤以為擁有就是享有，而沒有體認到，真正的快樂來自「享有」，而非「擁有」。

好比有人雖「擁有」大宅院，布置了園林景觀，但自己卻忙著賺錢，早出晚歸，即使有綠草喬木，也根本看不見；然而，有人雖什麼都沒有，卻能以大地為床、日月為燈、星空為簾、蟲鳴鳥叫為樂、萬物萬有為伴……。想想，到底誰「享有」比較多？

所以，人能擁有未必能享有，沒能擁有卻有可能享有。

享有即是擁有，享有不必占有

曾讀過一則故事：

有個有錢人家僅有一子，從小嬌生慣養，富翁很怕他將來敗家，所以就送他去窮人家生活一年，讓他體驗財富有多重要！一年過後，孩子如期歸來，富翁問孩子：「你覺得有錢人與窮人有什麼不同？」

孩子回說：「我躺著睡覺時，有錢人的天花板綴滿了水晶燈，而窮人家的天花板是滿天的星斗；我出去玩時，有錢人家是幾公頃的花園圍著圍牆，而窮人家則有一望無際的田野；當我想游泳時，窮人家的池塘是有錢人家游泳池的好幾倍呢！」

富翁原本想讓孩子體驗的是「擁有」的重要，沒想到孩子體驗到的卻是「享有」。

這讓我想起，我的小舅子剛到屏科大教書時，我問他：「到那麼偏遠的地方會不會不習慣？」

他笑說，是有點不太習慣，每天都好像在「度假」。

怎麼說呢？「因為我們的校區依山傍水，視野遼闊，校園裡有牧場和草原，景色怡人，養數百頭乳牛，還有人每天打掃、整理環境，這跟長期住在郊區別墅或度假農場有什麼兩樣？」

他還說，現在校園中有幾樣植物正值開花季節，如阿勃勒、鳳凰木、相思豆和大花紫薇等，邀請我抽空前往賞花。

是啊！享有即是擁有，享有不必占有。活在世間，我們都「擁有」大地風月，良辰美景，但有幾人真能「享有」它？

如果擁有並非享有，那不過是占有；而人一旦想占有，就很難享有。

有一首詩：

高坡平頂上，

盡是採樵翁；

人人各懷刀斧意，

未見山花映水紅。

樵夫為什麼無法欣賞映水紅的山花呢？因為他正在「工作」，一心想找到好木材，對水邊的山花就視而不見。

就像有句俗話說：「逐鹿者不見山，拾金者不見人。」拚命追著一隻鹿的人，會忘記欣賞路旁的風景；一個想得到錢的人，就忘了人存在。

當人看到樹就想要砍；看到人就想到錢；看到土地就想投資獲利……，那這些人就很難欣賞和珍惜樹的雄偉、人的感情，以及土地的美。

這世上美好的人事物，
都屬於喜歡它、欣賞它、善用它的人。
相反的，無論任何東西，
如果落在不喜歡、不欣賞、不懂得善用它的人手中，
只會被浪費、糟蹋。
只有伯樂才能遇到千里馬。
千里馬若碰到屠夫、肉販，
又與普通的馬有何區別呢？

Part 2

人生最美，是最有感受的人

世界不為誰存在，但也可以為你存在

你選購最好看的衣服，自己卻欣賞不到，衣服穿在別人身上，你才能欣賞。

對面的房子比你的美，沒什麼好羨慕，你只要打開門窗就能看到，住在裡面的人反而看不到。

有錢人可以買名畫、古董，蓋健身房、大花園；你沒那麼多錢，但你可以到美術館、博物館，或到體育館、公園。你不必擁有，卻能享有更多。

百貨公司的珠寶買不起，沒關係，你一樣可以欣賞。裡面樣式應有盡有，還有專人保管，不用擔心被偷被搶，為什麼非要「占有」不可？

美一直存在，你只要用心去欣賞！

這故事我曾一再提及：

有個富翁向智慧大師炫耀他的寶石。他拿著寶石在大師面前晃啊晃道：「看出來了嗎？這寶石可是價值連城。」

大師說：「你真好，願意給我。」

富翁急著說：「我有說要給你嗎？」

大師回答：「你不是已經給我看了，那就算是給我了啊！寶石除了看以外，還有什麼作用呢？」

人們老是掛懷自己沒有的東西，以為沒有的東西都特別值得追求、特別美。我們必須去除這種錯誤的觀念。一切美的事物我們都不必據為己有。美一直存在，你只要用心去欣賞！

學著去觀察、感受生活周遭發生的平凡奇蹟：樹枝在風中跳舞，雲朵在天空作畫，寵物熱情歡迎你回家，水果的甜美汁液，清晨小鳥的歡聲歌唱。

人生很多快樂是自足的，不用高學歷，更不需花錢。金錢不是人體重要器官，沒有錢，生活不會像身體失去器官一樣產生障礙，你依然可以去感受；書讀再多也一樣，你還是你，除非你的心靈夠敏感，否則就不可能有任何感動。

重要的是學會欣賞，而不是要占為己有

你現在有感受到幸福嗎？不是腦袋裡想像的幸福，是直接從你心裡感受到的幸福。

試試看，用不同以往的方式來感受這個世界。你可曾聽到雨滴打在玻璃窗、屋頂和樹葉上，演奏出的交響樂？可曾見過陽光在你的指甲上折射，發出炫目的七彩顏色？行經街道時，可曾注意到一旁的路樹已隨著季節轉變，木棉花的紅變成阿勃勒的鮮黃，淡紫是藍星花，秋天紅綠交錯的是臺灣欒樹，就算在路口等紅綠燈，也成了美麗的邂逅。

如果你總是匆匆走過，美麗的街景又有什麼意義？如果你毫無

感受力，花開花落的美又有什麼價值？

這世上美好的人事物都屬於喜歡它、欣賞它、善用它的人。相反的，無論任何東西，如果落在不喜歡、不欣賞、不懂得善用它的人手中，只會被浪費、糟蹋。只有伯樂才能遇到千里馬。千里馬若碰到屠夫、肉販，又與普通的馬有何區別呢？

想擁有什麼東西嗎？先學習去喜歡它、欣賞它，並善用它，那它就會屬於你——世界不為誰存在，但也可以為你存在；花兒不為誰開，也可以為你開。

你想擁有一幅畫、一個人、一顆寶石，是因為它們能讓你產生某種感受，如果你對他們沒有特別的感覺，擁有與否又有什麼差別？

你看一朵花，閉上眼，花已在你心中；如果花擺在眼前，你卻視若無睹，那擁有還不等於沒有？

哲學家艾伯特．胡巴特說得好：「我寧可有能力欣賞我無法擁有的東西，也不願擁有我沒有能力欣賞的東西。」

不管你擁有什麼，除非你懂得欣賞，否則得到了又有什麼用？反之，如果你真的懂得欣賞，那又何必非占有不可呢？

你也在繞遠路嗎？

人們做每一件事的背後都有原因。雖然有時我們並不確知自己要什麼，但我們總是在要一些東西。譬如，我們餓的時候，就要找東西吃，填飽肚子；累的時候，就要休息、睡覺；在路上走的、開車的、坐車的，就是要到達某個地方。道理淺顯易懂。

但怪的是，人們在重要大事上反而常忘了目的。我發現很多人只知念大學、研究所，卻不知道將來要做什麼；戀愛、結婚之後，卻不知道如何經營感情；甚至只知道賺錢，卻不知道怎麼生活……。我認識的人當中，有些人勞碌一生，卻只是勉強過得去；還有些人表現相當傑出，卻仍然過著自己「不想要」的人生。

所以，我一再提醒，在做任何事前，應當再三思考：「我要的是什麼？」或反問自己：「這是我要的嗎？」

我們真正要的其實是快樂

你想考上某個學校，想出國旅遊，或想擁有某些東西，但你是否想過，自己真正要的是什麼？

你想賺很多錢、獲得升遷、結婚生子、換更大的房子，目的是不是想擁有更優質、美滿、快樂的生活？然而，當你得到「想要的」，你有達到這個目的嗎？

在課堂上，我曾讓學生拿一張紙，在上面寫下「最想成為、想做、想擁有的人事物」，然後要他們說出來分享。結果包羅萬象：想要英文說得很流利、想成為吉他（貝斯）手、想找好友組一個Band、想學衝浪或潛水、想買一臺酷車、想開一家庭園咖啡廳、想環遊世界、想常常與家人出遊或聚餐……。

但當我進一步問原因時，只有幾個人回答：「因為那會讓我快樂。」我很驚訝大家都忽略了這一點。我們之所以會想成為、想做、想擁有這些事，真正的目的，不就是讓自己快樂嗎？

就像作家艾略特（George Eliot）說的：「如果不是為了彼此的生活好過一點，我們是為了什麼而活？」

現在的你，就可以快樂

沒錯，我們真正要的其實只是快樂。但遺憾的是，長期以來大家都在繞遠路。

成功可以讓人有成就感，但那個快樂並不會維持太久，有些人甚至比以前更不快樂。這個世界上有太多擁有高學歷、高地位，或住在豪宅、財產成千上億的人，卻成天悶悶不樂。

金錢是可以買到快樂，但是，帶給我們快樂的並不是金錢本身，而是如何運用少許的金錢，買到快樂的體驗。你看小孩比大人快樂，他們有花比較多錢嗎？說穿了，我們花的都是一些冤枉錢。

快樂也不需要到遠方尋找，它並不在某個職位或某個旅遊景點，如果你去追尋，一開始就注定會失敗。因為追尋意味著它沒有跟你在一起，如果它已經跟你在一起，你就不需要去追求。

快樂更不需要花幾年、幾個月、幾個禮拜、幾天去尋找或等待，它就在現在。你現在就可以快樂起來，如果你喜歡唱歌、喝下午茶或跟小孩一起玩耍，不必等到當歌星、去巴黎或到兒童樂園，為什麼要繞遠路？

人們總說：「等我賺夠錢，等我達成理想，我就可以享受，就可以快樂起來。」但為什麼要等賺夠錢，等達成理想才開始享受人生？為什麼不每天適度地努力，也每天去享受身邊俯拾可得的喜悅？

享受的關鍵，不在金錢，也不在身分地位，而在時間與心境。正如你不必擁有太陽，也能享有它的溫暖；不必擁有夜空，也能欣賞燦爛星辰，不是嗎？

追求是手段，快樂才是目的。把追求看成目的，而忘了該怎麼把生活過好，那就白活了。

你在釣魚，還是魚在釣你？

人們都說生活不快樂，但如果你沒有任何快樂的經驗，那你怎能認出不快樂？每個人都在尋找快樂，這個快樂是什麼呢？事實上，這就是我們曾經體驗過的美好感受。

比方說，如果你從沒吃過咖啡口味的蛋糕，就不會因為沒買到咖啡口味而不高興；不知道網路是什麼的人，也不會迷戀上網；反過來說，曾經體驗過的美好往往也是造成我們不快樂的原因。又好比有些人原本沒有香菸也無所謂，卻因為染上菸癮，而不能沒有它；有人愛打電動，愛喝酒，沒打或沒喝就受不了。

頂多只是恢復本來的狀況而已

有位母親帶著小男孩到街上採買，路過一間麵包店，店內飄出陣陣的麵包香，櫥窗內整整齊齊地擺著剛做好的各式糕點。小男孩站在櫥窗前，目不轉睛地看著可口誘人的蛋糕。母親知道他的心思，就讓他挑選了一個最喜歡的巧克力蛋糕。當店員把蛋糕包裝好，交到小男孩手上的時候，小男孩雀躍不已，等不及馬上就要吃。

但因為時間已近正午，為了避免小男孩誤了正餐，母親就把蛋糕從他手中拿走，並告訴他：「我們等到下午再吃好不好？」小男孩原本的好心情大受影響，立即蹲在路上大哭大鬧，硬是不肯起身，大叫：「媽媽壞壞，媽媽壞壞。」小男孩哭得死去活來，好像受了天大的委屈，連路人都紛紛側目，母親表情則略顯尷尬，不知該如何是好。

這個小男孩在母親買蛋糕給他之前，本來就什麼也沒有，現在母親把蛋糕拿走，頂多也只是恢復原本的狀況，根本沒損失什麼呀？有什麼好傷心的呢？

世上沒有什麼東西是非它不可、絕不能放棄的

回頭看看自己是否也這樣，就像小男孩非吃到蛋糕一樣——非等男友來接送；非要老婆安排打理；非要看到某個節目；非要把酒

喝夠……。原本生活裡沒有它們也無所謂，現在卻不能沒有它們。還有些人非用某個品牌、非要到某個餐廳、非要吃某種口味……，這也都是被「綁架」了。

當然，擁有喜好並不是件壞事，但就如蘇格拉底所說，我們擁有的東西也擁有我們。

話說，有個老人坐在河邊好幾個小時，卻沒有半條魚上鉤。幾罐啤酒加上炎熱的太陽讓他打起盹來，所以完全沒有預期到有條活蹦亂跳的魚兒上鉤。他突然被釣魚線的一陣拉扯喚醒，身子失去平衡，噗通一聲就掉到河裡去了。

有個孩子剛好經過，目睹了整個過程。當那個老人在水中奮力掙扎的時候，小孩回頭問爸爸說：「爸爸，是那個老人捕到魚，還是魚捕到那個老人？」

是你在釣魚，還是魚在釣你？這實在值得我們深思。

試想，當你喜歡某個東西，若沒得到就不快樂，那麼讓你不快樂的，不就是這個東西嗎？

想活得快樂，不是要獲得想要的東西，而是要讓自己「沒它也行」。千萬不要認為，世界上有什麼東西是非它不可、絕不能放棄的。就像小男孩的蛋糕，本來就沒有，後來失去了，也只是恢復本來的狀況而已，有什麼好難過的呢？

價值並非絕對的，它來自你的欲望，如果你欲求它，它就有價值，如果你不欲求，那個價值也就不存在。

很多人喜歡女神卡卡或日本天后濱崎步，演唱會門票一位難求，但如果你沒興趣，不管票價多貴或是否買得到票，你都不會受影響，對嗎？

我很喜歡柴燒落灰陶，朋友對柴燒落灰陶沒興趣，在他眼裡也就沒價值。反過來，朋友喜歡普洱茶，也收藏不少極品，但我並不愛喝，所以不管多高極，對我來說，都沒多大價值。

如果你想擁有美好生活，有個原則必須牢記在心：一個人喜愛、依賴的東西越多，就越容易不快樂。無論是早上那杯「非喝不可」的咖啡，或是殷殷期盼「非它不可」的那場演唱會；你不該去滿足，而是要放下那個欲求，就不會經常不快樂。

讓你快樂的，也讓你痛苦

每當你因失去什麼而感到難過時，你有沒有想過，自己為什麼會痛苦？

是因為你曾得到的快樂，不是嗎？你去看車子，那些車子原本與你無關，後來你買了它，你很快樂，但當車被刮、被撞，你就覺得心疼難過，對嗎？

你愛上某人，他對你好你當然快樂，問題是他對你不好你就痛苦啦，別人不理你，你可能都無所謂，可是你愛的人不理你或離你而去，你就陷入痛苦。

原本讓你快樂的，現在可能讓你痛苦。

今天的歡喜，轉眼成明日的悲傷

前陣子，有位知名的明星逝世。聽說，她生前因為年華老去、美貌不再，變得極度不快樂，足不出戶。一開始，她的外貌的確帶給她極大的快樂，之後卻也帶給她極大的痛苦。

快樂隨美貌增加，但太過美麗，反而紅顏薄命；快樂隨名聲增加，但人紅是非多；快樂隨金錢增加，但錢多煩惱也多。權勢高的人，心裡惦記著更多的權勢；事業有成的人，心裡惦記著更多事業……

霍華・休斯可能是史上用最多錢、擁有最多快樂的人。電影《神鬼玩家》（The Aviator，由李奧納多主演）就是他的故事。他是美國建國以來第一位億萬富翁，事業版圖涵蓋航空業、賭城飯店業和好萊塢電影工業；和他有緋聞的明星，包括瑪麗蓮・夢露、珍・哈露、奧斯卡影后凱薩琳・赫本，還有美豔女星艾娃・嘉納。

但在他擁有快樂的同時，也免不了許多煩惱，像是離了三次婚；因財務問題遭到調查、監聽；在試飛 FX-2 戰鬥機時墜毀，多處骨折及大面積燒傷；以及對多種藥物上癮。過程曲折實非常人能想像。

大多數人和他相比，生活就平淡得多，沒有那麼多錢獲得那麼多快樂，但相對之下，痛苦也比較少。

我們在擁有的同時，就已經開始失去

曾經有位女士多年來奮鬥不懈，工作得很賣力，牢騷也發個不停。有人問她：「妳只要養活自己就好了，幹嘛做得這麼辛苦？」她說：「哦！我有一間五房的公寓要付租金。」

「五房的公寓？但妳沒別的家人啊！妳一個人住一房的公寓不就好了嗎？」

「是啊，」她悲傷地說：「可是我有很多家具啊！」她工作到皮包骨只為了那些用不到的東西。

西方有句俗諺：「屋頂越大，積雪越多。」人生旅途中，我們常以擁有為樂，總以為得，就是得意；以為失，就是失意，以至於患得患失，殊不知我們在擁有的同時，就已經開始失去。我們擁有了房間，可能失去了時間；擁有了朋友，可能失去了自己；擁有了金錢，可能就失去了單純。就像很多有錢人談感情，總覺得別人是愛他的錢；交朋友，總覺得別人是貪圖富貴的酒肉朋友。反過來說，他的子孫可能對他的死活也不關心，只關心要如何瓜分他名下的存款、土地、房屋、股票和珠寶。

北宋文學家范仲淹的《岳陽樓記》中提及：「不以物喜，不以己悲。」不必為失去而感慨，因為世間之物本來就是來去無常，我們所能做、應做的只是在得到時珍惜它。若沒得到也不必難過，因為從來沒擁有過的東西，就永遠不會失去，也不會因失去而痛苦。

有個人向智者訴苦：「唉！白忙了一場，結果卻一無所得。」

智者說：「放下來！」

「已經一無所得了，還能放下什麼？」

「放下所求！」智者說：「當你說自己一無所得時，其實你已經得到了。」

「得到什麼？」

「得到挫折、失望、懊悔、煩惱，不是嗎？」

因為你心有所求，所以才會患得患失、痛苦難過。

當你放下所求，你也放下挫折、失望、懊悔、煩惱，不是嗎？

你，幸福嗎？

「你，幸福嗎？」

如果有人這樣問你，你會怎麼回答？

通常我們無法為幸福下個準確的定義。什麼樣的生活才是幸福？很難說。就像有人笑點很低，很簡單就能逗得他哈哈大笑；有的就算旁人都笑翻了，還一臉疑惑：「這有什麼好笑的？」

幸福是一種「主觀感受」。同樣是上班族，有人覺得很不滿，因為遲遲沒有升遷機會，但也有人覺得很滿足，因為工作穩定又有保障；一樣的餐廳，有人吃一碗牛肉麵，就覺得幸福，有人點了高級牛排，還嫌肉老，吃多了很膩。

有個朋友，雖然家境很好，但她卻是個「不幸」的人，閒著沒事找事煩，老愛鑽牛角尖，日子過得很「心苦」。相反的，我也認識一些物質比較貧乏，生活也時有狀況，卻能笑口常開、樂觀開朗的人；這就是「幸福」的人。

因為你沒有正確的「幸福觀」

所以，在回答「是否幸福」之前，我們得先搞清楚，幸福是什麼？

幸福，不是人生的經歷，也不是擁有的東西。如果你不快樂，並不是因為你沒有理想的工作、車子或孩子；也不是生活中遇到什麼狀況，而是因為你沒有正確的「幸福觀」。

有位經理因為被上司數落而心情鬱悶。他只看到眼前的小小不如意，卻沒想到自己已經是非常有福的人，因此反不如一般員工活得快樂如意。一位億萬富翁因投資失利虧了千萬元而耿耿於懷，到頭來反而比沒錢的人更「難過」。如果自己看不開，再優渥的條件，再富裕的生活，也「無福消受」，無法成為一個幸福的人。

記得安徒生童話中，有個《豌豆公主》的故事。為了證明女孩是真正的公主，皇后故意在床上放一顆豌豆，並在豌豆上疊了二十層床墊和二十條鵝毛被。第二天一早，皇后問女孩昨晚睡得如何，女孩抱怨：「我幾乎整夜沒有闔眼！天曉得床墊裡包了什麼，我只覺得躺在一個硬硬的東西上，現在全身都是瘀青，真是太糟了！」

皇后於是確定她是真正的公主。

我不知道這故事是要告訴我們什麼，但我可以確定的是，這公主之所以抱怨，是因為平日過得太舒服了。就像現在很多孩子，自小受家人無微不至的呵護與伺候，嬌生慣養，才有所謂的「公主病」。

幸福就像空氣般圍繞在我們身邊

去看看人們是怎麼抱怨生活的：衣服少了說沒得搭，買了衣服又怨不知該怎麼搭；滿桌子菜挑三撿四，吃多了又怕發胖；在家嫌無聊，出去又嫌人擠車多，連塞個車，找不到車位，都可以火冒三丈。他們沒有想過，自己可是舒舒服服地坐在車子裡呢！

其實，你已經擁有幸福了，欠缺的只是認知這一點。只要換個想法，抱著感恩的心來看待，你就會發現幸福一直在身邊，就如空氣般圍繞著我們。

一床溫暖的被窩，一桌熱騰騰的飯菜，是幸福；

一份穩定的工作，一群同甘共苦的夥伴，是幸福；

一個期待的旅行，一個浪漫的週末夜晚，是幸福；

一個陽光般溫暖的微笑，一句熟悉不過的叮嚀，也是幸福。

幸福就是那麼簡單，甚至有夢、有東西吃，能正常呼吸都是一種幸福。你知道嗎？在地球上，有多少人是過著有一餐沒一餐的日子，每天都有成千上萬人死於飢餓；在醫院裡有多少人是插著管子在維持生命；每天，全世界約有二十萬人死去，更有上百萬人在死亡邊緣徘徊。他們氣數已盡，也許呼吸不到下一口氣，而你卻能自由地呼吸……，讀到這裡，你是否也發現自己很幸福？

幸福一直在我們身邊，只是我們都習慣盯著生活中的不幸和不如意，讓心靈在痛苦中煎熬，卻看不到自己已經擁有的幸福。

想想，如果你不覺得自己是幸福的，你要如何感受人生的美好？如果你不知道滿足，那又怎麼可能對目前的生活滿意？

容易滿足就開心，天天開心就是大富大貴；懂得珍惜自己所擁有的，並心存感激，幸福就會來到身邊。

恆久快樂的祕訣

幾乎在全世界，在每一個國家、每一個地方，人們都被教導要追求快樂。這快樂也許是金錢，也許是愛情，也許是事業，或者是天堂，但你可曾聽過有人得到恆久的快樂？

因為真正的快樂不在外面，它一直都在你心裡；就在這個片刻。你是否有這樣的經驗，儘管置身非常舒適的環境，但若心情沮喪，或因某些事煩惱，就幾乎感覺不到周遭的舒適美好。相反的，若你心情愉快，就能體會周遭的美麗景致，對事情的看法也豁達起來。

這感覺的變化是怎麼來的？是從你心裡，對嗎？

你沒發現到快樂，那是因為你往外追求

每當談到快樂，人們總是說：「如果……，我就可以快樂。」如果你沒得到喜歡的東西就不快樂，但得到就一定會快樂嗎？你上班的時候不快樂，離職就一定會快樂嗎？自己一個人不快樂，跟別人在一起就會快樂嗎？如果現在不懂得享受生活，未來就會懂得享受生活嗎？

不，因為你內心沒變。想像你把一顆鳳梨砸到地上，會流出什麼？鳳梨汁，對嗎？那如果是砸到牆上或地毯上呢？還是鳳梨汁，

沒錯吧！

有些人很喜歡購物，他們想用這些東西讓自己看起來有品味；穿上這件衣服，就更美了。但若內心沒看到自己的美，對自己沒自信，那有什麼用？有錢可以買最貴的衣服，但穿著衣服的還是同樣的你；錢不會改變你，只能改變身外之物。

如果你感覺空虛無趣，你可以用任何東西填補；你可以去看電影、去遊樂場，可以吃美食，去大肆採購，然後呢？在一天、一個月後呢？你就不空虛，就變有趣了嗎？

不，鳳梨不可能流出甘蔗汁，也不可能流出西瓜汁，不管換再多顆，或換誰砸都沒差。如果你老是抑鬱寡歡，不論你得到什麼；不論是十部名車，或跟哪位帥哥美女結婚都一樣，快樂不會長久。

如果水塔沒水，即使換新的水龍頭，還是沒有水

你擁有一切可以使你快樂的東西，但是並不快樂，因為快樂無法來自你擁有的東西，快樂是由內向外湧現的。就像水塔裡面有水，只要打開水龍頭就會有水；如果水塔沒水，即使換了一個新的水龍頭，它還是沒有水。

快樂不是你有多少東西，而是因為你能樂在其中；快樂不是得到什麼，而是因為你能自得其樂。池塘的水是由內向外滿溢的，如果你內心充滿喜樂，你所見到的也會洋溢著喜樂；如果你非常開心，你在每一個地方都能感受到快樂——在漫漫長夜的星空裡；在迎面吹來的微風裡；在雨水滋潤的綠葉裡，你都能感受到那分雀

躍。

快樂就在你心裡，它一直都在那裡，你不曾失去過它。那些到遠處尋找喜樂的人，是把歡樂從心裡遺忘了。就如同《綠野仙蹤》裡，桃樂絲最後得知回到堪薩斯的能力和方法，原來始終就在自己身上；那個能擁有恆久快樂的祕訣也在我們每個人心裡，只要打開你的心，一切快樂就會顯現給你。

娛樂能帶來一時的歡喜與樂趣，但很快我們就會回到跟以前一樣；成功帶來短暫的興奮與愉快，但遲早我們的內心還是會回到原點。

在每天的生活中，我們都看到自己經歷這樣的過程：加薪、買新車、同事認可，都讓我們雀躍不已，但很快的，我們的情緒又會回復正常。

所羅門王一生榮華富貴，他說：「我已經走過這條死路了，所以不要再繼續走這條路。」

所以，真正的問題不是如何得到快樂，而是如何不失去快樂。無論你從外在得到多少快樂，如果內心留不住快樂，就像提著破洞的水桶去外面汲水，還沒回到家，水桶裡的水就已所剩無幾，只得反反覆覆地往返汲水。

你要做的，不是往返汲水，而是找到心裡的「快樂水塔」，那才是恆久的快樂。

你就是你自己。
每一個人都是獨特、無可比較的。
大樹會開花，小草也會開花，開花才是重點！
當一棵小草開花，
它的快樂並不會比大樹開花的快樂來得少。
你越能「做自己」，越是不跟人比，你就越快樂。

Part 3

為什麼別人會跑進你腦袋裡？

別人是別人，我是我

有人問大珠禪師：「如何才能算大呢？」

禪師答：「無邊際。」

此人又問：「如何才能算小？」

禪師答：「看不見。」

來人又問：「大無邊際，小又看不見，它們究竟在什麼地方呀？」

大珠禪師反問道：「哪裡沒有大小？」

有大就有小，大小是相對比較的結果。單獨一朵花，是無所謂大小的，但若把兩朵大小不同的花放在一起對照，就能說出哪一朵花大、哪一朵花小，對不對？

某人個子很高，是和比他矮的人比較的結果，如果跟個子比他高很多的人比，他就是矮。對十八歲的人來說，四十八歲的人已經老了，但對八十歲的人來說，四十八歲的人還只是個年輕人。事實上，四十八歲既不老，也不年輕。

貧窮或富有，也是比較的結果。你跟他相比或許是貧窮的，但你跟別人比或許是富有的。若跟乞丐相比，你很有錢，但這乞丐也可能是富有的乞丐；反過來，假設你很富有，但跟比爾・蓋茲相比，你還是貧窮的。

人比人氣死人

哈佛大學經濟學教授艾佐・魯特莫（Erzo Luttmer）曾進行一項研究，發現兩組人的收入雖然相同，但居住在較貧窮社區的人比較快樂，居住在較富裕社區的，反而不快樂。

為什麼？因為人外有人，天外有天。即使你擁有的比以前更多，還是無法得到滿足，因為只要你跟人相比，總有人會比你更多；正所謂人比人氣死人。

年輕時看過一部電影《阿瑪迪斯》（Amadeus），至今回想起來仍印象深刻。片中除了展現莫札特的天分外，也提到當時一位受到維也納宮廷賞識的作曲家薩利耶里（Salieri）。由於莫札特受到德皇約瑟夫二世讚賞，心生嫉妒的薩利耶里決定報復。他從崇拜到嫉妒到怨恨，越來越痛苦，最後終以悲劇收場。

當然，真正造成悲劇的並不是薩利耶里能力差，而是他覺得自己比不上對手美妙，這樣的想法摧毀了他。

你怎麼能將蝴蝶和鸚鵡相比？

任何一種比較，都是基於競爭的心態：不是輸就是贏；不是比較好，就是比較壞。那也就是為什麼其他人都很慘，你就感覺好多了；如果其他人都有損失，你就踏實多了。相反的，如果別人往上爬，你就覺得自己地位下降；如果其他人快樂而成功，你就感覺苦悶。

但是，「這些人」一開始為什麼會跑進你的腦袋裡？想想看，當別人比你好，你真的就「變差」了嗎？

就算對方在某方面勝過你，並不表示他在其他方面也贏過你。就像當時的薩利耶里擁有極高的職位，他簡單、平穩、莊重的曲風廣受當時人民的喜愛，只不過單純的樂曲和莫札特豐富多變的旋律比起來，顯得比較呆板平淡。而莫札特有許多創新，在當時平凡的曲調中脫穎而出，但就如同他創作的樂曲，他的行為也總是標新立異，這樣桀驁不馴的態度使得他往後的道路日漸崎嶇。

兩人的性格和曲風完全不同，是無法比較的；你怎麼能將蝴蝶和鸚鵡相比呢？

越是不跟人比，你就越快樂

比較是非常愚蠢的。試想，如果比爾・蓋茲跟「飛魚」費爾普斯比游泳，結果會如何？他將會感到自卑無能；反過來，如果費爾普斯想跟比爾・蓋茲比軟體設計，那只會讓自己顯得無知而已，不是嗎？

你就是你；每一個人都是獨特、無可比較的。大樹會開花，小草也會開花，開花才是重點！當一棵小草開花，它的快樂並不會比大樹開花的快樂來得少。

下次，當比較之心又蠢蠢欲動時，別忘了提醒自己：「別人是別人，我是我！」你越能「做自己」，越是不跟人比，你就越快樂。

真正富有的是不比較的人，他怎麼可能會貧乏？拋棄比較，你就不會貧乏。繼續比較，那你將一直貧乏，不管你擁有什麼都一樣，你永遠都會貧乏，因為總有人擁有更多。

某人有一輛較炫的車子，你就變得貧乏；某人有個漂亮的太太，你就變得貧乏……。想想，如果所有人類都消失，只剩你一個人留在地球上，你將會是貧窮或富有？你將是優秀或差勁？你只會是你，對嗎？因為沒有人可以比較，將不會有高或低、輸或贏、上或下、美或醜……。不去比較，你就是你自己。

沒有完美的人生

人之所以不快樂，在於大家都想「做別人」，而不想「做自己」。

有這麼一則寓言：

豬說假如讓我再活一次，我要做一頭牛，工作雖然累點，但名聲好，惹人愛憐；牛說假如讓我再活一次，我要做一頭豬，吃飽睡，睡飽吃，不出力，不流汗，活得賽神仙；鷹說假如讓我再活一次，我要做一隻雞，渴有水，餓有米，住有房，還受人保護；雞說假如讓我再活一次，我要做一隻鷹，可以翱翔天空，雲遊四海，任意捕兔殺雞。

這其實也是人們一直在做的事——很少有人想做現在的自己。我們總是不自主地會去羨慕別人擁有的東西，羨慕別人的工作，羨慕別人的孩子優秀，羨慕別人買的新車。今天看到張三買了新房，就抱怨丈夫沒本事；明天看到李四家庭美滿，就感覺自己遇人不淑。唯獨忽視了一點，我們也是別人羨慕的對象。

別人也許羨慕你有才華，羨慕你的日子悠閒或是孩子貼心，只是你不知道而已。反過來，你並不知道你羨慕的對象可能有債務壓力，有失眠的困擾，或是心裡藏著不可告人的傷心往事。

又有誰能真正看到別人風光的背後呢？

幾天前，一位老同學打電話來，聊到另一個同學先生外遇的八卦，他說這個同學大學畢業就嫁給初戀男友，從婚前到婚後一直都是讓人羨慕的對象。先生事業有成，不但體貼，又會幫忙做家事，而且還會陪小孩，沒想到就在結婚二十年後，這個好好先生竟搭上夜店女公關，還生了小孩，最近正在打離婚官司，真沒想到！

你覺得別人「看起來」比自己好，是因為你只看得到他們的外在；別人也只看得到你的外在，他們不知道你的內在，也許你只是強言歡笑。

以前我常羨慕那些經常可以出國開會的同事，覺得他們不用自己花錢就可以出國到處玩，後來輪到自己親自經歷時，才知道並不是那麼一回事。坐長途飛機不但吃不好、睡不好，口乾舌燥，還腰酸背痛。這已經夠累人了，沒想到一回來還要寫報告。

所以，別只看事情的表面，人都愛面子，都想把自己風光的一面展示給人，又有誰能真正看到別人風光的背後呢？

他有他的煩惱，你有你的幸福

幸福如人飲水，冷暖自知。你不是我，怎知我走過的路，心中的樂與苦。

你看同學功課好而心生羨慕，但你可知他每天用盡腦汁，熬夜苦讀？你羨慕某明星身材好，但你可知她總在計算卡路里、吃減肥餐，甚至一天只吃一餐？

你羨慕某人擁有很多，但這也代表他們必須承擔比一般人更多的責任與風險；你羨慕某人可以無拘無束地到處旅行，但這表示他正處於無業狀態，否則荷包也會因旅費支出而越來越薄。

每件事都像硬幣有兩面，有正面就有負面。在我們羨慕別人的同時，根本看不到他們背後或者內心不為人知的心酸和煩惱。

沒有完美的人生，所以不要羨慕別人。只要了解，他有他的煩惱，你有你的幸福。別人的幸福與你無關，如果你知道自己要什麼，就不會羨慕別人的幸福；如果你不知道自己要什麼，那麼即使你得到幸福，仍覺得不夠。

試想，假如張三羨慕李四的事業，李四羨慕張三的家庭，這樣又怎麼可能快樂？

要如何克服妒嫉或羨慕？

一、將他們當作激勵自己的榜樣。僅次於優秀者的，就是欣賞優秀的人。改變自己的心態，有人比你好就讚美他、肯定他，你不需要比他好，但至少你與他關係好，就能從他身上學習。

二、去問他們：「你快樂嗎？」這個世界上並不存在十全十美，那些我們羨慕的人同時也在承受著他們的不如意，正所謂家家有本難念的經。

三、問自己：「我為什麼妒嫉他？」不管你妒嫉誰，表示你不如人，既不如人，又有什麼好妒嫉？

四、問自己：「我為什麼羨慕他？」人總是互相羨慕；羨慕別人的代價，往往就是失去自己。為什麼不讓自己成為別人羨慕的對象呢？

為什麼別人可以，我不行？

每個家都有自己的規矩；我們家的規定就是吃飯前不可以吃零食，不能躺著看書，對人要有禮貌……。你是我們家的孩子，就要遵守我們家的規定。

當然，在管教過程中，孩子常會有「不平之鳴」，例如：

為什麼別人可以吃冰淇淋而我不可以？為什麼別人可以大聲吼叫而我不可以？為什麼別人可以跳床而我不可以？

而大一點的孩子可能會質疑：

我同學都有最新款的手機，為什麼我沒有？為什麼他們都有零用錢？他們都可以玩到晚上十一點才回家，為什麼我不行？為什麼阿貓可以這樣、為什麼阿狗可以那樣……。這種對大人要求「公平」的聲音，常令父母左右為難。

有時表面的公平，才是真正的不公平

但什麼才是公平？

孩子在提出這些「為什麼別人可以，我不行」的問題之前，一定沒有幾個問過自己：為什麼別人可以把該做的事做好，我不行？為什麼別人可以把書讀好，我不行？為什麼別人能做到父母要求的事，我不行？

我並不是要父母拿孩子跟別人比，或是為了彰顯自己的「公平」，就答應孩子無理的要求。因為每個家庭都不一樣，即使是同一個家庭的孩子也不一樣，對待的標準和方式自然不同。像我兒子曾質疑過：「為什麼姊姊可以買手機，我不行？」那是因為姊姊學校離家較遠，且下課時間不固定，再加上地點人潮很多，有手機可備不時之需；至於兒子，因為很喜歡運動，所以常買球鞋或各式各樣的體育用品，而姊姊較沒興趣，就很少買……。如果深入去想，就會知道，有時表面的公平，才是真正的不公平。

再如，我規定了一些獎賞制度。今天姊姊拿到獎品或獎金，是因為她努力的結果，弟弟沒得到，是因為自己努力不夠。這時，弟弟就不能跑來哭鬧說為何他沒有。漸漸的，孩子就能體會「要得到，先要付出」的道理；就會明白，有時候「別人可以，我不行」，反而才是最公平的。

自己才是自己的鏡子

《論語・里仁》中提到：「見賢思齊焉，見不賢而內自省也。」孔老夫子的意思是：見到賢能的人，就應該主動向他學習、看齊；見到不賢能的人，就應該自我反省有沒有犯類似的錯誤。

一般人常犯的毛病是看見賢能的人，不去學習，還心生嫉妒；見到差勁的人，不去反省，還跟人比爛，這才是最糟的。

曾經愛因斯坦的父母也有相同的困擾。愛因斯坦小時候常跟一群朋友混在一起，他的母親常為此憂心忡忡，她再三告誡愛因斯坦：「孩子，你不能再這樣混下去了。你整天貪玩，弄得成績不佳，我和你爸爸都很為你的前途擔憂啊！」

「沒什麼值得擔心的，羅伯特和傑克成績不好，不也天天玩嗎？」愛因斯坦說。

「話可不能這麼說啊！媽媽知道你喜歡聽故事，我給你講一個吧！從前，有兩隻可愛的小白貓在屋頂上玩。玩著玩著，兩隻貓不小心掉進煙囪裡。等牠們爬出來時，一隻貓很乾淨，另一隻貓卻很髒，你知道誰會去洗澡嗎？」

「當然是髒的那隻小白貓啦！」愛因斯坦馬上回答。

「恰恰相反，因為那隻髒的小白貓見同伴是乾淨的，以為自己也是乾淨的，所以，他不會立即去洗澡，甚至還四處亂逛，惹得大家哈哈大笑。小白貓回到家一照鏡子，才發現自己又髒又醜。」講到這裡，母親語重心長地說：「孩子呀！自己才是自己的鏡子。拿別人當自己的鏡子，你就會跟那隻骯髒的小貓犯同樣的錯誤。」

聽完母親的話，愛因斯坦滿臉羞愧。因為這個故事，愛因斯坦徹頭徹尾地醒悟過來，離開了那群朋友。

下回當你又再質疑「為什麼別人可以，我不行」時，別忘了愛因斯坦這則「以己為鏡」的故事。

別人再好或再差，都跟你無關，因為那是屬於他的生活，不是你的。

愛因斯坦小時候的數學不及格，所以，如果你的數學不及格，就代表你會成為另一個愛因斯坦嗎？不會，你的人生只屬於你自己，和其他人毫無關係。不要管別人做了什麼，或是他們的父母允許他們做什麼；你是你，他是他。

偏心其實是好事

在《新約・路加福音》裡有一則故事：

有個人有兩個兒子，其中一個浪蕩子敗光家產後，懊悔地來到父親身邊。父親非常高興，為了這個失而復得的孩子邀請朋友、鄰居、家僕們一起來歡慶。唯獨他那個安分守己的孩子對父親大表不快，他覺得「委曲」、「鬱卒」和「不滿」。

為什麼壞孩子有糖吃，好孩子什麼都沒有？這問題曾困擾很多人，凱麗就是個例子。她半工半讀，還要負起照顧父母的責任。

「我哥哥簡直是個無賴，」凱麗忿忿不平地說：「每天鬼混，不學無術，一點責任感都沒有。更氣人的是，我父母還一直幫著他。」

「我猜妳一定想：為什麼壞孩子得到獎勵，好孩子卻什麼都沒有？」

「沒錯。」

「那妳也想像他一樣，成天鬼混，不學無術嗎？」

「當然不想。」

我又問：「妳哥哥到頭來一事無成、一無所有，這是『獎勵』嗎？」

「但我覺得父母偏心。」她說出了真心話。

「這不是偏心，是擔心，也是傷心。」我告訴她：「他們知道妳哥哥撐不起來，他不像妳這麼認真負責，他不如妳有能力，所以才會一直幫助他。」

我確實是偏心，但我是對你偏心！

偏心，人皆有之，即使十隻手指也有長有短。但心偏向哪邊就是對誰好？那可未必。

在學校，有時為了鼓勵弱勢的學生，我不得不放寬標準，以提升他們的自信心，卻常被說成「偏心」；對於資質較好的學生，有時會提高標準，卻被誤解成「故意刁難、不公平」。唉！他們哪知道我是用心良苦。

話說學校有兩個新進學生，其中一名學生很老實，卻常被老師責罵，另一名學生讀書、做事都漫不經心，但老師卻頂多說他兩句就罷了。

總是挨罵的學生很不服氣，時常向其他同學抱怨，認為老師偏心。最後，這話傳到老師耳中。

某日，老師找來這位學生問：「聽說你認為我偏心，是嗎？」

他委屈地點點頭。

老師又說：「你說得沒錯，老師的確偏心！」

學生聽到老師的話，眼淚差點沒落下來。他真不明白，自己明明很認真努力，為什麼還是得不到老師的喜愛？

老師接著問他：「如果你帶一頭驢子和一匹馬上山，你是要鞭打驢子？還是鞭打馬？」

學生說：「我會鞭打馬。」

「為什麼呢？」

「因為鞭打馬，馬懂得往前進；但驢子冥頑不靈，鞭打牠並沒有絲毫用處。」學生回答。

「呵呵！」老師笑了，摸摸學生的頭：「你在我心中，正是一匹需要鞭策的駿馬啊！我確實是偏心，但我是對你偏心！」

上帝讓你成為好孩子，就是對你的最高獎賞

在中時部落格裡曾讀到一篇文章，其中有一段：

有個叫瑪莉．賓妮的女孩寫信給《芝加哥論壇報》，問了一個問題：為什麼她幫媽媽把烤好的甜餅送到餐桌上，媽媽只誇她一

句「好孩子」，可是卻把烤好的甜餅給了只知道搗蛋的弟弟；上帝真的公平嗎？上帝是不是遺忘了溫順乖巧的孩子，只重視那些壞孩子？

席勒・庫斯特博士接到這個問題時，也不知該怎樣回答。某次，他參加一個婚禮，婚禮中，新娘和新郎可能太緊張了，在互贈戒指時，錯把戒指戴在對方的右手上。牧師笑著提醒：「右手已經夠完美了，我想你們最好還是用它來妝點左手吧！」

庫斯特突然領悟到：原來是因為右手已經很好了，所以沒必要把飾物戴在右手上。那些優秀的人，也是因為他們已經非常完美了，因此感到上帝忽略了他們，反而把比較多的精神放在那些問題多的人身上；上帝讓右手成為右手，就是對右手最高的獎賞。於是，庫斯特回答賓妮：「上帝讓妳成為好孩子，就是對妳的最高獎賞。」

偏心其實是好事，只是讓人感覺沒那麼好而已。

在生活裡，你是不是也會以為父母偏心？覺得辦公室裡勞逸不均、小人當道？認為老師厚此薄彼、賞罰不公？

面對偏心、不公平的現象，我會說：「這絕對是好事！」

因為多一點的責任，可以得到多一點能力；多一點磨練，可以多一點成就；多一點不順心，可以學習多一點耐心；多一點不公平對待，可以激發更多的潛能。

就像海水上升，就能把底下凹凸起伏的地表蓋過；面對不公平也一樣，如果你能把自己向上提升，自然就無視海底下那些崎嶇不平，因為你已經「水漲船高」了，不是嗎？

你是不能做，還是不肯做？

為什麼一個和尚挑水喝，兩個和尚抬水喝，三個和尚沒水喝？因為人的惰性和依賴心，使得每個人都忙於推卸責任，指望別人去承擔義務。再加上人都愛比較，怕自己做太多會吃虧，所以彼此計較就有了批評、論斷，是非煩惱就由此產生並循環。

我認識一位老太太，她年近百歲，因不良於行，需要有人幫忙洗澡，但兩家兒媳卻一直「擺不平」。原因是某次老太太洗完澡發現掉了錢，二媳婦說怕被老人家懷疑，索性不再幫她洗澡；大媳婦則推說自己腰不好，後來就由孫媳婦接手。幾個月後，大媳這邊開始抱怨：「為什麼都是我們洗？」二媳這邊也忿忿不平說：「以前都是我們洗，我們也沒說什麼，況且，飯都在我們這邊吃。」另一邊又回道：「我們也有給飯吃，而且她都睡在我們這邊。」就這樣，大家變成只「論理」，卻忘了「倫理」；結果兩個和尚抬水卻沒水喝。

我們做每件事最重要的是「看自己」

在面對人事紛擾，我總一再提醒：「要做對的事，不要當對的人。」

「做對的事」是「看自己」，做你自己覺得「正確的事」，如善與惡、對與錯的選擇，偽與真的表達，做出符合社會道德或是普世價值的行為。

「當對的人」則是「看別人」，認為自己是對的或為了證明自己是對的，不免看到別人的是非長短，心若不滿，就不吐不快，是非爭議就由此而生並循環不已。

廣欽老和尚說過：「只要審視自己有無過失，不要去看別人的過失。」我們做每件事最重要的是「看自己」，別人的是非善惡是別人的事，與你何干？只要審視自己有無過失就好。專心在「事」上，不想「人」的問題，心情就完全不同。

我也常碰到吃力不討好的事，比方熱心幫人忙，還被懷疑有什麼企圖；主動讓步，對方反而得寸進尺。後來，我想通了，只要「看自己」就好。

別人想什麼，我們控制不了；別人做什麼，我們也強求不來。唯一可以做的，就是按自己的原則，做正確的事。

人所能負責的，只在於是非問題，而非成敗問題

正確的事，簡單說，就是做好自己分內的事。欠錢還錢，欠人情還人情，父母養育子女，孩子盡孝道……，這都是分內的事。學生們在學校把功課做好；醫生把病人照顧好；兒媳把兒媳的角色扮演好……，每個人都做好自己應該做的事，就是正確的事。

不要拿別人的錯誤當自己不做的藉口或理由，也不要因為被懷疑、否定就不去做該做的事。

在《孟子・梁惠王》中，提到「不為」和「不能」的區別。

齊宣王問孟子說：「不肯做與不能做的情形，要怎麼區別呢？」

孟子說：「假如要你挾持著泰山，跳過北海，你告訴人說：『我不能做這件事。』那是真的不能；可是要你替長輩折一根小樹枝，你告訴人說：『我不能做這件事。』那就是不肯做，不是不能做了。」

不能：是無法做到的事。

不為：是有能力卻不去做的事。

像無法照料年邁、行動不便的老母，就是「不為」，而非「不能」。至於做的結果如何，不必在乎，只要盡其在我，就無愧於心。

我很認同孔子說的：道之行或不行，是成敗問題；道之應行，則是價值是非問題。人所能負責的，只在於是非問題，而非成敗問題。

換句話說，我們不必在乎自己的努力是否可以成功或得到認同，只要追求自己所認同的「是非價值」。這個價值是個人的「處事原則」；是自己的「道德良知」；是向內看「自己的心」。

當陷入人事紛爭時，先不要去想「人」的問題，而是用心在該要解決的「事」上。為人，盡其在我，則無愧於心；處事，盡其在我，則無愧於人。

記得《老子．道德經》裡有段話：「……是以聖人處無為之事，行不言之教。萬物作焉而不辭。生而不有，為而不恃，功成而弗居。夫唯弗居，是以不去。」大意是：萬事以言教不如身教，光說不做，或做而後說，往往都是徒費脣舌。一切作為，應如行雲流水，義所當為，理所應為，做應當做的事。做過了，如雁過長空，風來竹面，不著絲毫痕跡。

對於一肩挑起各種責任、最後還被別人陰了一把的好人，如果不自恃其功默默地繼續做，大家反而會一直記住你。

有人說：「好人到頭來總是輸。」這完全不對！不論結果如何，好人一開始就贏了。

好人不但活得心安理得，更贏得人心。即使有人虧待你，時間也不會虧待你，上天更加不會虧待你。因為壞有壞報，不是不報，只是時候未到。

不同意他的話，又何必在意他說什麼？

當你知道有人在你背後說你壞話時，你會怎麼做？

前陣子，有人在背後說了些莫須有的事，造成同事對我的誤解。當時我既憤慨又震驚。我問心無愧，但對方卻扭曲真相，我很在意這些扭曲的說法，心情也大受影響，後來自己靜下來想：「既知是『莫須有』，我又何必『當真』？」

是啊！本來暗「賤」難防，剪不斷，理還亂。嘴長在別人臉上，是非八卦蜚短流長，誰能幸免？真要計較還處理不完咧！

所以，重要的不是「他說了什麼」，而是要問自己：「他說的是真的嗎？」如果是的話，那就沒什麼好說的；反之，就更不必說了，因為是他胡說。套句泰國禪師阿姜查的話：「這很簡單，若有人罵你是條髒狗，你該做的事就是瞧瞧自己的屁股。如果後面沒長出尾巴，事情就解決了。」

你向每個人解釋後，你又中了多少錢？

在《小和尚的白粥館》裡讀到一則故事：

作者戒嗔小和尚在寺院裡有個戒憂師兄，有一次他到鎮上買東西，別人找給他的錢很髒，又破舊，當他買東西要拿這張鈔票給攤販，人家都不願接受，於是，他就順手買了一張彩券，沒想到這張彩券竟中了頭獎。

但因為同時也有很多人中，所以他並沒有分到太多錢。他喜出望外地在路上走著，迎面而來的孫大嬸問他何事那麼高興，他說彩券中了頭獎，並請孫大嬸不要告訴其他人。沒想到第三天就傳遍整個村鎮。

戒憂師兄忍不住去責怪孫大嬸，她很委屈地向戒憂師兄解釋，她是在馬路邊自言自語時被人聽到的。

結果，消息的版本越來越多。剛開始大多和中獎有關，只是金額不同，從一百萬到五百萬不等。後來衍生的消息誇張了起來，比如戒憂師兄因為中獎要離婚，或是中獎只是幌子，其實是貪汙來的錢……等等。

戒憂師兄很困擾，逢人便解釋，有人信了，也有人認為是欲蓋彌彰，於是戒憂師兄去請教師父。

師父問：「戒憂，你中了多少錢？」

戒憂師兄說：「我中了五千多。」

師父又問：「那你向每個人解釋後，你又中了多少錢？」

戒憂師兄說：「還是五千多。」

戒憂師兄略有所思，從此不再向人解釋。

假如你因此難過，他們的問題就變你的問題

街頭巷尾不乏有喜歡為他人稱斤論兩、品頭論足的人，但有誰記得掂掂自己的斤兩，拿鏡子照照自己？

只要想想多少人批評總統、首相或宗教界的領袖，就知道幾乎

沒有人不會被批評。即使是耶穌、佛陀、穆罕默德，也有很多人反對他們。事實上，他們還有相當數量的敵人。如果你想要在一生中有所作為，那麼，緊接而來的就會是反對者。

所以我常會告訴年輕人：「別把那些批評、攻擊放在心上。」別人可能有各種理由，想要徹底打擊你，但那是他們的問題，不是你的問題。假如你因此難過，他們的問題就變你的問題。在意別人說什麼，就表示你認同這個人；如果你不認同這人，不同意他的話，又何必在意他說什麼？

很多時候，別期待得到每個人的認同，更沒必要浪費時間和精力反覆去向人解釋，那樣只會勞累自己的心。試想，就算你向每個人解釋，你口袋裡的五千元就會變成五百萬嗎？

所謂清者自清，濁者自濁。

有人說你很小心眼，是他亂說，但如果你很氣，找他議論，不就證明他說得沒錯嗎？有人是非不分，誤解你，或是給你亂貼標籤、亂扣帽子，那就隨他去說！他在定義自己，你也在定義自己。記住，重要的並不在於那個人說了或做了什麼，而在於你怎麼面對；這將定義你是什麼樣的人。

他對你說三道四，你不隨之起舞，那是誰不三不四便昭然若揭；他說你邪惡，你卻回以良善，是誰邪惡就不辯自明。

大風無法撼動一座山，毀譽也無法傷害一位勇者。如果你「不動如山」，那就沒有任何人能影響你，他們也許會試圖激怒你、打擊你、羞辱你，但只要你不在乎，他們就無能為力；除非你接受了他的侮辱，否則他只有自取其辱。

你就是你自己的樣子

幾天前，有位學生跑來問我：「我很在意別人的眼光，所以總是裝出很好的樣子，別人在背後說些話，就讓我以為哪裡做不好；當有人對我比較冷漠，我又擔心是不是自己做錯了什麼。為什麼我會如此在意別人的看法？」

「與其說你在意別人的看法，不如說是在意自己的看法，你是用自己的眼光去揣測別人的想法，不是嗎？」我說。

「最近我發現我不是很喜歡自己，我該怎麼辦？」

「你說呢？」我反問：「不管你喜不喜歡，你就是你自己的樣子，你不可能成為別人。該怎麼辦？這問題你應該問自己才對。」

所有吸引人的東西，一定先存在於人的心靈

不知怎麼回事，很多人並不喜歡自己。他們不喜歡自己的身材、長相或各種條件；覺得自己比不上別人，覺得表現不夠好，所以一直要去得到周遭每個人的認同，好讓別人可以更喜歡自己，最後變成為取悅別人而活。

許多人都忘了「只是自己」的藝術；我們不是生來要達到理想、完美，而是要自然、真實——不是變成哪一個人，而是做我們自己。

做自己的第一步就是要先接受自己。也許你會感到相當驚訝，其實一般人認為可以吸引人的美貌、口才、財富等條件反而是其次。你沒發現嗎？有很多人長得既不美麗，也不富有，甚至還有許多缺點，卻能受到大家喜愛。主要的原因是：他們很自然真實，他們真心喜歡自己。

所有吸引人的東西，一定先存在於人的心靈。經過心靈的反射，人才會喜歡上這些東西。要讓別人真正喜歡你，就要先培養喜歡自己的特質。

愛自己其實是從愛自己的身體開始

網路流傳一則感人的文章，大意是這樣：

有位牧師的女兒，她天生就罹患腦性痲痺，全身布滿不正常的高張力，且無法言語。但她卻靠著無比的毅力與信仰的扶持，在美國拿到了藝術博士，並到處現身說法，幫助他人。

有一次，她應邀去演講，會後發問時，一個學生當眾問：「妳從小就長成這個樣子，請問妳怎麼看自己？妳都沒有怨恨嗎？」這個無心但尖銳的問題讓在場人士無不捏一把冷汗，深怕會刺傷她的心。

只見她回過頭，用粉筆在黑板上吃力地寫下了「我怎麼看自己？」這幾個大字。她笑著再回頭看了看大家後，又轉過身去繼續寫著：

一、我好可愛！

二、我的腿很長很美！

三、爸爸媽媽這麼愛我！

四、上帝這麼愛我！

五、我會畫畫！我會寫稿！

六、我有隻可愛的貓！

七、還有……

教室內一片鴉雀無聲，沒有人敢講話。她又回過頭來靜靜地看著大家，再回過頭去，在黑板上寫下她的結論：「我只看我所有的，不看我所沒有的。」

親愛的朋友，你又是怎麼看你自己的呢？

我們常聽到兩性專家說要「愛自己」、「活出自己」，大家常誤以為愛自己就是捨得在自己身上花錢，很多人因此到百貨公司血拼，或去做流行的醫美整型、塑身，但這是「愛自己」嗎？

當然不是！引述作家蔣勳在《身體美學》的話：「愛自己其實是從愛自己的身體開始。」當你喜歡現在的自己，自然會展現自信的優雅；當你不需要用別人的眼光及標準來過自己的生活，這才是真正「活出自己」。

奧斯卡影后凱瑟琳・赫本說：「最重要的是有個性，如果你是個演員卻沒有個性，那就麻煩了。至於長相如何，其實沒有多大關係。」

想想看，一朵玫瑰需要討你喜愛嗎？一隻松鼠需要贏得你的歡喜嗎？不，玫瑰不會在意你的眼光，花自開，花自落，它不在意你是否欣賞；松鼠也不會刻意做任何事來贏得你的歡喜，牠只是做牠自己。松鼠只是松鼠，而人們自然就喜歡牠。

你就是你自己的樣子，你的個性、你的身體和你的長相，那都是你啊！為什麼不大方地接受？

關於你現在所做的每一件事情，
都有一個屬於它的開始，
哪怕是你現在幾乎已經厭倦的人事物，
都曾有過單純、熱情的一顆心，不是嗎？
你要做的只是把心找回來。

Part 4

凡事都是「為自己」做的

把「為別人」轉成「為自己」

當你為某個人做某件事的時候，你要問一問自己為什麼想做這件事。你會發現你永遠是從自己的觀點，都是為自己好。雖然有時看起來你是在為別人犧牲奉獻，但驅使你做事的動機仍然是「為自己」。

你很愛某人，你說：「你是全心全意的。」但當他不順你心、不合你意時，為什麼你會生氣？甚至就不愛了？

有時你想為別人做些事，卻因為對方的態度不好而改變初衷。

你說：「如果他口氣好一點，說不定我還會幫他。」、「我不想理他，那是因為他的態度不好。」為什麼？你真的是為他嗎？

你為某人付出，但當你沒得到肯定，就感到挫折；如果他不感激你，你就覺得失望。這又是為什麼？想想看，你在意的是不是自己？

口口聲聲說的「為你」，其實是「為我」

有位學生寫的情書，頗讓人玩味：

當上班長不只是為我，更是為你，
認真讀書不是為了自己而是為你，
我只是想讓你多看我一眼，

我只是希望你能注意到我，
所有的事都是為你而做的。
我不偉大而是自私，
自私地希望你能夠再看看我，
自私地期望你沒忘記我。

他很誠實，那些口口聲聲說的「為你」，其實是「為我」。

情侶們對彼此說：「我愛你。」可是他們內心深處其實是想被愛，他們真正關心的是自己是否被愛。所以在愛裡，人們感到受傷、挫敗、氣憤，每個人都覺得受騙，原因就出在我們愛一個人，就期待有所回報，然而當有人一再付出，一再犧牲，卻得不到「應有」的回報，就會生出不滿；犧牲太多，到頭來怨恨必然越多。

所以，我一再提醒，你為某個人做某件事的時候，記住：你是為自己做的。

你會對某人付出，一定是因為你喜歡他、欣賞他，對嗎？你的付出是為了表達自己，是為了得到對方的好感，這些都是為了自己；對一個你不愛的人，又怎麼可能付出？

在職場也一樣，你為公司打拚，為公司帶來利潤、為公司解決問題、提供客戶最好的服務，但你也因此獲得肯定、加薪和晉升，你其實是「為自己」。

我不在乎他有什麼反應，感覺就好多了

跟醫院裡的義工和慈善團體閒聊，他們總是說：「我們做這類工作一定要為自己。」如果你是為別人，到頭來你就會希望獲得別

人肯定，希望別人感激你；如果你是為自己而做，就不會期待別人有什麼反應，也就不會挫折、失望。

曾有位太太向我訴苦：「我已經累了，每天盡心盡力，我先生卻像木頭一樣，什麼反應也沒有，連句道謝的話都捨不得說。」

「那妳試試看告訴他妳的感覺，但不要要求他有任何回饋，看看有什麼變化！」我建議她。

過了幾個月，我們又見面了，我想起上次的問題，就問：

「妳先生最近對妳如何？」

「對呀！我差點忘了告訴你。自從上次回去後，我就不把他的反應當成我的訴求，只是做我該做的，以前覺得很犧牲，現在反而覺得所有一切都是為我自己的快樂而做，不必在乎他有什麼反應，感覺就好多了。」

是啊，人如果認為凡事都是「為自己」做的，不是為別人、為先生、為太太，或是為客戶、為主管、為公司、為公益，則自然凡事能盡心盡力，且心甘情願，毫無怨言。

記住，無論你做什麼，都是為自己而做

說一則故事：

誠拙禪師在圓覺寺弘法時，法緣非常興盛，每次講經，人潮都擠得水洩不通，故信徒間有人提議，要建一座較寬敞的講堂。

這位信徒用袋子裝了五十兩黃金，送到寺院給誠拙禪師，說明是要捐助蓋講堂用的。禪師收下後，就忙著做別的事去了，信徒對此非常不滿，因為五十兩黃金，不是一筆小數目，可以給平常人家

過好幾年生活，而禪師拿到這筆鉅款，竟連一個「謝」字也沒有，於是就緊跟在禪師後面提醒：「師父，我那袋子裡裝的是五十兩黃金。」

誠拙禪師漫不經心地應道：「你已經說過，我也知道了。」禪師並沒有停下腳步，信徒提高嗓門道：「喂！師父！我今天捐五十兩黃金，可不是小數目呀！難道你連一個『謝』字都不肯講嗎？」

禪師剛好走到大雄寶殿佛像前停下，說：「你怎麼那麼嘮叨？你捐錢給佛祖，為什麼還要我跟你謝謝？你布施是在做你自己的功德，如果你要將功德當成一種買賣我就代替佛祖向你說聲『謝謝』，請你把『謝謝』帶回去，從此便與佛祖『銀貨兩訖』！」

記住，無論你做什麼，都是為自己而做。如果不是心甘情願，那就別做——因為你是「為自己」做的。

從今天起，我們做任何事，都把「為別人」轉成「為自己」。

當我們把付出或給予當成對自己的期許，就不可能吃虧或被騙。如果有人接受我們的付出和給予，他們是在提升我們，是在幫我們實現人生目標，我們應該感謝他們。

想一想，如果沒有付出的對象，那你的存在有什麼意義？沒有分享和愛的對象，你的生命有什麼價值？

如果沒有人需要你，那這世上有你沒你，又有什麼不同？

法國作家蒙田說得好：「對別人毫無價值的人，其本身也不具意義。」

你要感激那些需要你的人，他們讓你找到生命的價值和意義。

人最大的需要

我們在生活中需要經常向自己發問：「我給別人帶來的意義到底是什麼？」這也是我在課堂上常給學生的提問。

《天下雜誌》曾針對高中到大學的學生進行生命教育大調查，結果發現有近半數的高中、大學生不知道自己要做什麼；有超過四分之一的學生有過輕生的念頭；還有許多學生認為不管做什麼，都沒有意義。顯示臺灣年輕人正在人生的道路上迷航。

到底意義是什麼？意義就是發現自己的「存在價值」；認為某

個人需要你、重視你；認為自己發揮的功能很重要，對別人有影響力，這些即是意義。

最嚇人的貧窮是，寂寞以及沒人要的感覺

年輕時，我曾問一位學長當初怎麼會選擇當重症外科醫師。「有時，我也會懷疑自己為何要去做。」他告訴我：「然而，當我看到性命垂危的病人被我救活，我就知道自己的工作是值得的。」

雖然外科醫生壓力大，但從病人身上得到的回饋也特別多。透過自己的專業，讓病人恢復健康，得到尊敬，這就是意義。

也曾有位生醫公司的董事長問我：「當初為什麼想寫書？」我說：「就跟你一樣，你希望產生較好的產品，我希望產生較

好的人。」

人要有「利他的目標」；人人都希望自己是個「有用」的人。每個人內心深處都希望自己對世界有所貢獻，被他人需要。有位醫學前輩說得對：「很多人勸我不要看那麼多病人，但其實不是病人需要我，而是我需要病人。病人喜歡我、需要我，讓我覺得自己很有用。」

我完全同意，人最大的需要就是被需要。當一個人無法發揮內在價值，又無法獲得眾人重視時，內心必然會在不知不覺間，日漸遭受侵蝕、空虛，終至沮喪鬱悶。這就是為什麼德蕾莎修女會說：「最嚇人的貧窮是，寂寞以及沒人要的感覺。」

所以，被需要是幸福的，透過給予，你會成為一個富有的人；你能分享自己，為別人付出，讓人需要你、感激你，那是非常幸福的。

手心盡量朝下，不要朝上

經國先生說過一句話：「手心盡量朝下，不要朝上。」朝下者給予，朝上者求取。不管你擁有多少，只要你能給予，就是富有；只想求取，就是窮。

我們很容易專注在自己的狹小世界裡，只關心自己。「這對我有什麼好處？」或者「我可以獲得什麼？」一切以自我的得失來看事情，最後難免斤斤計較、抱怨與懊惱。相反的，如果我們想的是：「我能為別人做什麼？」格局立刻放大，心胸也會開闊起來。

快樂來自被需要，當你被需要，你就覺得快樂，因為你覺得自己的存在有意義，覺得自己的生命有意義。換句話說，服務更多人，就是更有用的人，活得就更有意義。

引述德蕾莎修女的話：「每一個來到你面前的人，總要讓他離去的時候，變得更好、更快樂。你要做上帝仁慈的活見證：在你的面容裡有仁慈，在你的眼睛裡有仁慈，在你的微笑裡有仁慈。」

每個人一生的言行，無論好與壞，都會影響到無數人。也就是說，每個人都會使這個世界有所不同。金恩牧師的目標是要讓每個人都得到民權；甘地的目標是解放三億印度人民；德蕾莎修女的目標是照顧貧民病患。你呢？

如果你每天清晨起床都問自己：「今天我能為別人做什麼？」你就會找到目標，不在人生道路上迷航。

微軟第一位華人總裁李開復說過：「一個人的成功，最重要的就是要有影響力，能夠幫助自己、幫助家庭、幫助國家、幫助世界、幫助後人，讓他們的日子過得更好，為他們帶來幸福和快樂。」影響別人，有如繁衍出無數的自己。

你可以這麼問自己：「我對這個家，對身旁的人，究竟是減輕還是加重負擔？我是讓事情變好，還是變糟？我是解決問題，還是製造問題？我的貢獻是什麼？我今天的價值是提升，還是貶值了？」認真去想，自己可以做哪些事情，來讓這世界變得更美好。

記住，除非你能對人有所影響，否則你的生命將微不足道。

永遠要把人放在第一位

人為什麼要工作？相信很多人會回答：「還不是為了生計嘛！」工作為了賺錢，理論上並沒有錯！不過，賺錢不該是唯一的理由。如果工作只是為了賺錢，為什麼那些富豪還要工作？

人努力賺錢，所渴望擁有的其實不是錢，而是價值；是在別人心目中的分量。但擁有別人心中的分量，就算是一種價值了嗎？不完全是！如果別人是因為你有錢，才羨慕敬重你的話，一旦你破產沒錢之後，別人不也就看不起你了嗎？

人們喜歡人格高尚、正直、慈善的人，並尊敬他們。不論你這輩子賺多少錢，你還是得靠人格來贏得別人的尊敬。在你思考錢的同時，不要忘了這一點。

讓你富有的，不是你所擁有的，而是你所給予的

說一則故事：

有一群大學生即將畢業，某天在課堂空檔，大家七嘴八舌地討論起未來的工作與出路。

老師沒有插話，只是沉默地在一旁聽著，卻越聽越憂心。因為學生們談話的內容，似乎只圍繞著一個字打轉——錢！

當討論告一段落時，老師站上講臺說：「我要問大家一個問題，答對的人，期末成績加二十分！」

一聽到「加分」，吱吱喳喳的學生們頓時都安靜下來。

老師清清喉嚨，提出了問題：「請問各位，二十年前的世界首富是誰？」

學生們都愣住了。「老師，怎麼可能有人記得二十年前的世界首富啊？」

「好吧，那我換一個問題。」接著老師又問：「十年前，對你最好的人是誰？」

這麼一問，大夥兒都搶著回答，有人說是自己的父母；有人說是當時的老師；還有人說是鄰居的大姊姊……。

老師微笑地說：「這下你們應該明白，對所有的生命而言，究竟哪一種人有意義；會在你們心裡留下價值了吧。」

讓你富有的，不是你所擁有的，而是你所給予的。

那些只知道「賺錢」的人，反而沒辦法賺足夠的錢！

表面上看來，工作的性質與職位高低有千百種，但從本質思考，所有工作的意義都是相同的；藉著工作能達到的目的也是相同的，都是「為人」。

你為某些人服務能賺錢，你賺錢也是為了某些人，對嗎？所以，永遠要把人放在第一位。

不管你從事什麼工作，別只想到賺錢，應該把它和人聯繫起來。有位開工廠的老闆說得好：「我希望營業額上升，也希望員工的薪水能提升。我賺錢，他們也有錢賺，就是我的原則。如果我的產品銷售得很好，我的工廠就有效益，我的顧客就可以較合理的價錢享受我們的產品。如果我按時給原材料供貨商付款，對他們也有益。有了錢，我就可以讓家人過更好的生活，還可以拿出更多錢幫助人……」

正所謂己欲立而立人，己欲達而達人。我賺到錢，你也要賺到；我有好處，也要分給你好處。

有趣的是，根據觀察，我們越把人放在心上，得到的回饋就越大，而那些只知道「賺錢」的人，反而沒辦法賺到足夠的錢！

賺錢就從你把注意力放在你能給別人多少開始

曾讀過一個例子：

有位藝術家擔心靠藝術工作無法維生，於是對每個降臨的機會，都以需要花費的成本或能夠賺多少錢來評斷，因而拒絕了好幾個不錯、卻賺不了什麼錢的機會。可是他賺的錢總是不夠用。相對的，他有一個朋友，也是藝術家。他盡一切所能讓自己成為好的藝術家；總是盡力付出，從不把注意力放在可以賺多少錢，而是問自己：「如何為前來參觀我作品的人，提供最好的服務？我能給他們什麼？」

後來他的作品變得很受歡迎，身價也水漲船高；而那個總是考量金錢收入而非服務的人，卻賺得不多。

金錢就從你把注意力放在你能給別人多少，而非你能從別人身上賺到多少開始。不要以賺錢為主要目標，只要把品質和服務做好，利潤自然會來。

試想，有兩個業務員，一個讓你感覺是想賺你的錢，另一個是想幫你服務，你會選誰？

「擁有」是人類最原始的欲望之一，但是，鮮少有人思及，自己擁有的又帶給別人什麼？

世界上有那麼多人在為我們默默服務，照應我們；我們一生都在欠別人，不只是父母、親人、朋友，還有千千萬萬為我們付出的人。每天火車準時開動；下雨郵差照樣送信；打開水龍頭就有水流出；一按開關電燈就亮。這一切，都要拜無數人辛勤工作所賜，不是嗎？

因此，別光想賺錢，你要問自己：「為了讓周遭的人過得更好，今天我要怎麼做？」永遠要把人放在第一位。

你給別人的，就是給自己的

人與人交往只有兩個基本問題：

一、我能給別人什麼？

二、我能給自己什麼？

這兩個問題的順序絕對不能顛倒，這很重要，因為你帶給別人什麼，就會帶給自己什麼。

如果對人擺臭臉，別人也會給你臭臉；你常批評別人，你也會收到許多批評；你給別人挖洞，自己也可能掉進洞裡。同樣道理，當你帶給別人微笑，你就會看到笑臉；你讚美別人，就會得到讚美；如果你經常帶給別人祝福，不久你也會收到別人的祝福。你給別人的，其實是給自己的。

你不先加木柴，又怎能得到更多的溫暖？

有隻蜜蜂和黃蜂在聊天，黃蜂氣惱地說：「奇怪，我們倆有很多共通點，同樣是一對翅膀，一個圓圓的肚子，為什麼別人提到你常是讚美，提到我卻說我是害蟲呢？」

黃蜂接著又忿忿地說：「真要比起來，我天生有一件漂亮黃色大衣，而你卻成天髒兮兮地忙裡忙外，我到底哪一點不如你？」

蜜蜂說：「黃蜂先生，你說得都對，但我想人們會喜歡我，是因為我給他們蜜吃，請問你為人們做了什麼呢？」

黃蜂氣急地回答：「我為什麼要幫人們做事，應該是人們要來捧我吧！」

蜜蜂接著說：「你希望別人怎樣待你，你就得先怎樣待人。」

是啊！如果你很計較，只想到「別人要為我做什麼？」工作只在乎公司福利；心裡想父母應該多給我什麼；老師應該如何如何；朋友或伴侶應該如何如何……。斤斤計較著付出與回報，這種自私心理將深深傷害到自己。因為在世界上，付出與回報本來就難以衡量，你越是計較，別人也越會跟你計較，最後自己不但吃虧，連快樂都被侵蝕掉了。

人有時真的很糊塗，總是說：「你先對我好，我就對你好。」、

「先給我報酬，我就會付出。」這就好像站在火爐前，說道：「火爐，先給我多一點溫暖，然後我就給你加點木柴。」這可能嗎？你不先加木柴，又怎能得到更多溫暖？

施予之手便是收成的手

愛應先給而後得；在你得到任何東西前，必先給予。你愛得越多，就越討人喜愛；你愛得越少，越要求別人愛你，就越惹人厭。你的人生只會越來越封閉，囿於你的自我之中。

一個五十歲的女人，丈夫去世後不久，兒子又墜機身亡，她被悲傷和自憐的情緒包圍，後來得了憂鬱症，一度想要自殺。好心的鄰居帶她去找精神醫學家，阿德勒。醫師問清病情後，勸她去做些能使別人快樂的事。

但一個五十歲的婦人能做些什麼呢？她過去喜歡種花，可自從丈夫和兒子去世後，花園都荒蕪了。她聽了阿德勒的勸告，開始整修花園，施肥灌水，撒下種子，很快地就開出鮮豔的花朵。

從此，她每隔幾天就將親手栽種的鮮花，送給附近醫院的病人。她為醫院的病人帶來了溫馨，換來了一聲聲感謝，而這一句句美好的感謝，輕柔地流入她的心田，治癒了她的憂鬱。

她還常收到病癒者寄來的賀年卡、感謝信，這些卡片和信函消除了她的孤獨，使她重獲人生的喜悅。

施予之手便是收成的手；那就是為什麼人們常說：「真愛不求回報。」因為愛本身就是最好的報酬，僅僅是付出愛，就會讓人洋溢著幸福，誰在乎有沒有回報？

你給別人的，就是給自己的；給別人散播花香的人，自己也會沾上一縷花香；為別人帶來陽光的人，自己也不會被排除在外。

每個人都渴望得到更多的肯定和讚美，卻很少有人想過，在得到之前，自己付出了什麼。每個人都渴望快樂，以為得到的多，付出的少是快樂，卻很少人試用另一個方法：要少一點，給多一點。

如果你一直用手把水往自己的方向撥，水就會從兩邊流走；反之，當你向對方推，水反而會往你的方向流過來。

付出就是獲得。如果你想得到愛，就先付出愛；如果你想得到幫助，就多幫助別人；如果你想別人把你當朋友，就先把別人當朋友；如果你想成功發達，就幫別人成功發達；如果你希望得到喜悅，就帶給別人喜悅。凡所有付出去的東西都會回到你的身上。

你想留下些什麼？

法國作家喬諾（Jean Giono）寫過一則故事：《種希望得快樂的人》。

講的是二十世紀初，有個普羅旺斯人在某地落腳，整個村子裡只有他一個人。此地本是樹林，現在草木不生。這個男人的生活很簡單，每天出門種樹，一顆種子、一顆種子栽下。多年以後，樹苗變成了林子，留住了土壤中的水分，於是其他植物也能種活了；鳥兒能在樹上結巢，溪水慢慢流淌，村人一戶一戶返回，人煙漸漸多了。最後，這男人老了，但他讓一片土地恢復生機盎然。

為什麼大伯留下那麼多錢就這麼沒了？

第二則故事：

有一個男孩，爸爸是工廠的守衛，家境不是太好。爸爸總是跟他說：「要是我們像大伯那麼有錢就好了……」

爸爸的哥哥，也就是男孩的大伯，事業有成，家產萬貫。大伯沒有孩子，於是爸爸提議將男孩過繼給大伯，大伯接受了。

男孩想以後我就是有錢人了。沒想到，這個「以後」很快就到了，大伯搭機失事，所有家產一夜間全是男孩的了。男孩本來要考大學，這下變得這麼有錢，想想也就算了，不必讀書讀得那麼辛苦；爸爸媽媽也都同意了。反正，我們有錢，誰還稀罕讀書呀！

男孩隨興地過日子，花錢如流水，一直到他變成男人，又沒錢了，最後躺在公園椅子上當遊民，他始終還是搞不懂為什麼大伯留下那麼多錢，卻幾年就沒了。

你們有沒有給子孫留下值得他們珍愛、回憶的東西？

第三個故事是朋友傳來的，內容大概是這樣：

在課堂，教授說：「注意了！注意了！下面我有幾個小小的問題要請教大家，知道的請舉手！你們當中有多少人了解自己的父母？」這麼簡單的問題，人人都舉起了手。

「祖父祖母呢？有多少人了解？」這次舉手的人少了，不過還有三個人。「那麼，現在誰能告訴我，有多少人了解你們的曾祖父曾祖母？」全班六十多名學生，卻只有兩名舉起手。「瞧瞧，」教授面露憂色說：「相隔兩代，就幾乎沒人知道自己的曾祖父母了。

「不過三代的工夫，你們就把祖先忘得一乾二淨。不過這也怨不得你們，誰叫他們沒留下些什麼。再設想一下，假如坐在這裡的是你們的第三代子孫，關於你們，他們知道些什麼呢？他們能聊些什麼呢？是不是也跟你們一樣，把自己的老祖宗忘得乾乾淨淨？如果真是這樣的話，那也不是他們的過錯。關鍵是，百年之後，你們有沒有給子孫留下值得他們珍愛、回憶的東西？」

如果你想種一棵樹，是不是現在就該種下去？

這三則故事讓我想到，當我們離世之後，自己給世人留下些什麼？給孩子留下的是什麼？是一筆可觀的金錢？是一棟大房子？產業？還是一種態度？精神？典範？甚至一句話？

大部分父母想給孩子的，都是錢財、家產、名利這些「生不帶來、死不帶去」的東西。殊不知別人給的，總也有人可以再拿走，只有腦袋裡的東西，別人才拿不走。

以前跟學生談這類「生命課題」，總覺得早了點。我年輕的時候，也沒想過這樣的問題，更沒人問過我。然而就像普羅旺斯那個每天種樹的男人，如果你想種一棵樹，是不是越早種越好？

最後讓我以這篇故事做結尾。

有個老人在院子裡種樹苗，路過的旅人問道：

「這樹要幾年才會結果？」

老人說：「大概要一百年吧！」

旅人繼續問：「你能再活一百年嗎？當這些樹木結果，你都已經不在了，為什麼還要這麼做？」

那個老人看著旅人笑了，說：「如果我的祖先們也有這種想法，我就無法享受這些果實了。這個果園之所以果實累累，就是因為在我出生前，父親和祖先就種下這些樹木，而我種樹也是希望能福蔭後人。」

你呢？你想給人留下些什麼？

生命並不會帶給你什麼，而是你留給你的生命什麼。

日前辭世的單國璽樞機主教在得知罹患肺腺癌之後，經過一年多的治療與省思，決心全省走透透，展開「生命告別之旅」講座。他不僅把病魔轉念成隨身天使，且辭世前重病纏身仍錄製公益短片，留給世人無限的追思和景仰。

蘋果創辦人賈伯斯英年早逝，但他精采又傳奇的一生，已成為許多後人難以超越的成就。他說：「活著，就是為了改變世界，難道還有其他原因嗎？我要在宇宙間留下痕跡……」

他留下許多人生哲學仍持續在影響人們。

是的，即使你不在了，仍活在人們心中，這就是你留給人生的意義。

莫忘初衷

幫一些資深的公務員上課，結訓時，有幾個學員拿書要我簽名，我寫下：莫忘初衷。我認為這是給他們最好的一句話，當初投身公職服務的熱忱，記得的還有幾人呢？

從事教育工作，也常與師生們互相勉勵，要憶起自己的初心。當我們面對生命中的困頓、學習中的挫敗，甚至在做事時彼此產生誤會與傷害，只要能回顧自己最初的念頭，往往可以讓我們重新振作，繼續堅持下去。

這還是你當時的初衷嗎？

記得女兒念小學時，因為喜歡二胡而參加國樂社。學了幾年後，她想要代表學校參加全國比賽，因此除了經常集訓，還要熟練校內選拔的曲目，那陣子我覺得她變了，她開始變得患得患失，擔心自己程度沒有別人好，在意自己曲子演奏的速度沒有別人快，以前充滿自信的笑容早已不見。

「莫忘初衷，」我告訴她：「學習音樂是很美好、很享受的事，但看看現在，這還是妳當時想學二胡的初衷嗎？」

曾讀過一則故事：

有個女孩對英文很有興趣，從小便苦讀英文，雖沒有出國留學，卻能說得一口流利的英語。

出於對英語的熱愛，女孩大學畢業後，選擇到美語補習班教書。然而，她對工作的抱怨卻越來越多，一下子嫌公司沒有加班費，一下子又因為沒有獲得升遷而生氣。

她的母親一直默默聽她抱怨，終於有一天，母親忍不住問她：「妳當初選擇這一行是為了多賺一點錢嗎？」

「不是。」女孩回答。

「那是為了坐上主任的職位嗎？」

「也不是。」女孩說：「我會選擇當英文老師，是因為我喜歡英文，希望能一邊教學，一邊繼續提升自己的英文能力。」

「那就對了呀！」母親說：「既然妳的初衷不是為了錢，也不是為了權，那現在又何必因為錢和權耿耿於懷呢？」

你要做的只是把心找回來

我們需要常常提醒自己這四個字，當事情走樣變調時，回想自己的初衷。

想想看，你會做這件事；會去學這些東西；跟這個人在一起；選擇這份工作；去到那裡；做這個決定……，最初的念頭是什麼？你是否還記得心底最初的那分感動？

我也常這樣問自己。最近我想去看望一位朋友的母親，去那裡會花掉我大半天的時間，我深思：「我要去那裡做什麼？我為什麼要去看她？」當然是去關心她，去看看老人家一切可否安好；我總是會回想起自己年少時，她對我的關心和為我做的事。這就是那麼多年來，我一再造訪的原因。

人與人的感情，一開始沒有金錢和利害關係的考量，也因此，初衷最可貴。就像我當初選擇我太太，是因為喜歡她的個性，以及她對人生的態度。婚後，她的這些優點仍在，其他的就不重要了，只要相互包容，一起度過就好。因為時時回想自己的初衷，感情就能一直維持美好。

同樣的，在追求夢想的道路上，不管有多遠，跌倒有多痛，都別忘了回頭看看最初的自己。

關於你現在所做的每一件事情，都有一個屬於它的開始，哪怕是你現在幾乎已經厭倦了的人事物，都曾有過單純、熱情的一顆心，不是嗎?你要做的只是把心找回來。

老子說：「將結束時的心態調整到與開始時一樣，那就不會經歷失敗。」最初和最後並非兩件事，開始就是結束。如果你想要最後是美好的，就必須從最初就是美好的。即使事情發展跟預期有偏差，你只要維持一開始的心態，就不會有錯。

每一次開始懷疑，每一次開始退縮，每一次想放棄，或是得意忘形的時候，記住，只要回到自己最初、最單純、真誠的心，就能讓自己偏離正軌的心，再次回到軌道上。

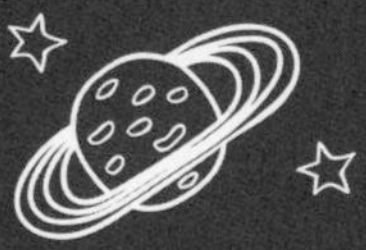

人們有時會抱怨：
「為什麼生命有各式各樣的煩惱？
「為什麼我會有這麼多問題，
「這麼多痛苦？」
答案是，你沒有從正確的觀點看事情。
所有的壞事，都是因為我們選擇了「壞事」這個名詞，
把它們稱為壞事。

Part 5

雨過天晴，
轉念好心情

你，就是你選擇的結果

人生就是一連串的選擇。每一個狀況發生時，都是一個抉擇。

你可以選擇如何應對發生的狀況；選擇自己的表情和心情；選擇如何面對你的生活和生命。

你可以選擇笑臉，也可以選擇哭臉；可以選擇被動消極，也可以選擇主動積極；你可以選擇原諒，也可以選擇報復；可以選擇抱怨，也可以選擇感恩。當你走路跌了一跤，摔破了皮，你可以告訴自己真倒楣；也可以覺得慶幸，還好！沒摔斷腿。

人常常找一堆藉口來解釋自己為何不快樂，譬如說，境遇不佳、身體不適、遇人不淑、命不好等等。但事實上，你有權選擇，只是你沒有意識到；你不斷在選擇錯誤的，那已成為你的習慣，甚至認為自己別無選擇。這就彷彿一個人被關在某處，口袋裡雖有鑰匙，卻不會用鑰匙開門，因為他不知道口袋裡放著鑰匙。

既然每天都重複上演，何不讓這一天過得有意義

有部電影叫做《今天暫時停止》，男主角是個自私狹隘，不滿現狀的記者。他永遠有一大堆怨言和滿肚子牢騷，所以一直不快樂。連續四年，他都被派去採訪一個名為「土撥鼠節」的慶典活動，更讓他覺得大才小用而心生不滿。

這一年又依照往例，來到這個小鎮進行採訪，他一心只想趕快把這個爛差事辦完，然後走人，不料一場大風雪，讓他不得不多停留一天。之後，奇怪的事發生了！當他隔天被六點的鬧鐘吵醒，發現自己再度回到「土撥鼠節」，除了他，沒有人發覺有什麼不對勁，他就這樣日復一日被困在當地過著相同的一天。剛開始他陷入焦躁，不知該如何是好；他選擇墮落，瘋狂闖禍，仍然無濟於事；他心灰意冷，選擇自殺，卻連自殺都改變不了！因為隔天一早，他仍然準時醒在「土撥鼠節」的早上六點。他不知道是什麼原因，只知道他一直重複過著同樣的一天，他的人生已經停止，似乎永遠不會前進。

於是，他開始思考，既然每天都重複上演，何不讓這一天過得有意義？於是他開始選擇另一種生活態度——他利用這種預知「未來」的優勢，救了一個從樹上掉下來的孩子；請將死的流浪老人飽餐一頓；勸阻一對吵架的夫妻……。最後，當他找到心中的真愛時，清晨六點的鬧鐘再度響起，一切都不一樣了，不再是「土撥鼠節」，新的一天終於來臨。

如果你用正面的態度，你就能找到那把鑰匙

人生就是不斷重複著相同的事情，不斷遇到相同的問題，然後我們都學著用不同的方式解決，直到有天我們懂得用最好的方式面對，這個問題就不再是問題。

一旦知道人生是你自己的選擇，你就能找到那把鑰匙。如果你喜歡困在那裡，那是你的選擇，別抱怨；如果你想一輩子痛苦，那

也是你自己的決定，你是完全自由的。如果你能選擇以喜悅、樂觀和正面的態度面對，你就能打開那道門。

這故事我曾一再提到：

有個老人一天到晚高高興興，人們也因他而感到愉快。後來，有人問他怎麼會那麼愉快。「你一定有什麼快樂的祕訣吧，老先生？」

「沒有，」那老人回答道：「道理很簡單，毫無祕訣可言。」他接著解釋道：「每天早上一起身，我只有兩個選擇，就是希望這一天快樂，還是不快樂。你們猜我選擇什麼？我只是選擇快樂，就真的快樂。」

沒錯，你也可以用微笑開啟你的一天。生命不可能每天都陽光普照，但你可以選擇打開門窗，或者關起來。如果你打開，屋內很容易就充滿陽光；如果你一直封閉自己，將所有的門窗都關起來，那即使太陽已經升起，你也會永遠活在黑暗之中。

你，就是你選擇的結果。

把人生看成一連串的選擇，用它來開始我們的每一天。

當你有所選擇，不管是什麼選擇，你要問自己兩件事：

一、「我做這個選擇結果會如何？」這可讓你心裡有個譜。

二、「我做的這個選擇會帶給我和身旁的人快樂嗎？」如果答案是肯定的，那就去做，就這麼簡單。

你是自由的，你可以讓現在成為痛苦的一刻，也可以讓它成為美好的時刻；生命的不同不僅僅是由各種事件交織而成，我們回應生命的獨特方式，才真正決定了我們的人生。

這是什麼世界？

我們生存的世界並不只有一個，這世界上有多少人，就有多少世界存在；我活在我的世界裡，你活在你的世界裡。

這裡的世界指的不是整個地球，而是你內心所看到的世界。就在你的周圍，或許有人生活是彩色，有人是黑白的，你認為他們是活在同一個世界嗎？不，他們怎麼可能活在同一個世界！同樣的一天，有人逍遙自在，有人焦躁煩惱；同樣的城市，有人讚嘆繁華美麗，有人怨嘆髒亂勢利。每個人都活在自己的世界裡。

你的眼界決定你的世界

世界的現況，是我們每個人內心現況的投射；我們內心是什麼，世界就是什麼。就像我們戴著什麼顏色的鏡片，看見的東西就是什麼顏色。

當我們戴上灰色鏡片的眼鏡時，就會看到世界都是灰色的，不可能看見紅色的東西，也不可能看到黃色的東西。如果我們忘了或根本不知道自己戴著灰色鏡片的眼鏡，就會直覺認為整個世界是灰濛濛的。

鏡片的顏色代表我們看世界的方式，當看事情的角度不同、想法不同，周遭的世界就不同。比方說，面對不愉快的經驗，有人覺得「必須努力改變這種情況」；有人覺得「由於我的不幸經驗，我做的每一件事都情有可原」；還有人則覺得「別人對我不公不義，我又何必善待他們」。三種不同的觀點，創造三種世界。

如果你不快樂，以為全世界都與你為敵，那你的每一個感覺、每一次與人接觸，甚至世界本身的存在，都會變成折磨的泉源。在這種時刻，世界變得灰暗，那是因為你透過灰色的鏡片去看。當我們深入審視自己的心，才會真的了解，是我們把鏡片染上色彩，而這被染色的鏡片，就是我們對世界的投射。

當我們察覺到自己戴著灰色鏡片，才會明白，我們的不快樂，其實源自自己的內心。

討厭的人只是你心情的「放大鏡」

所以，不要問：「這是什麼世界？」你看見的世界是你選擇的看法；如果你怨恨，就創造出一個充滿憤怒、衝突和黑暗的世界；如果你充滿愛，就會創造出一個美好、喜悅和發光的世界。那是兩個完全不同的世界。

也不要對別人生氣，他們只是你心情的「放大鏡」。當心情開朗時，見到的人都友善親切；當心情煩躁時，碰上的人彷彿都面目可憎。人們外在的表現是內心狀態的呈現，你去看那些抱怨最多的人，往往也是最常找麻煩的人；而快樂的人也會使人快樂；內心美好的人才能感受這世界的美好。

有位弟子對師父說：「這世界真是一團糟！」

師父回答：「不，這世界真是美好！」

「難道我們不是生存在相同的世界裡嗎？」弟子不解。

「沒錯，只不過你看到自己活在世界上，而我卻看到世界活在我心中。」師父笑著說。

沒錯，世界就在你心中。

人們總是說：「我要改變這世界。」但這世界何曾真正改變？我們連身邊的人都無法改變，不是嗎？我們唯一能改變的只有自己。

你怎麼看這個世界，這個世界就怎麼看你；你如何對待這個世界，這個世界就如何對待你。你可以用愛得到全世界，也可以用恨失去全世界。這就是我的「世界觀」。

以下做一個簡單測驗：

閉上眼睛一分鐘，緩慢地做幾次深呼吸，感覺快樂。回想過去愉快的經驗，或想像一個快樂的情境。開懷大笑。暫停。感覺一下，心情是否因此愉悅起來？

再閉上眼睛一分鐘，感覺悲傷。回想過去不愉快的經驗，或想像一個悲傷的情境。憂傷地皺起眉頭。暫停。感覺一下，心情是否因此變得低落？

在你產生這些情緒和感受時，外在的環境毫無改變，唯一改變的是你的內心；是你選擇感受世界的「鏡片」不同。

快樂的人，就是透過快樂的鏡片，來看待發生在自己身上的事。

人生不是得到，就是學到

朋友經過一連串不如意，轉換職場不如預期，大兒子成績被死當，小兒子買了新車又發生車禍。幾個好友為他嘆息之餘，計畫在他生日那天好好慶祝一下，給他打打氣。不料尚未安排妥當，便接到他的電話，說大夥很久沒聚了，於是我說我們正準備為他慶生。

「如果是這樣的話，一定要由我請客！」

「可是，這是大家的一番心意。」

「我知道你們是好意要安慰我，但我雖然失去了一些，得到的卻更多。」

「怎麼說？」

「失意不失志嘛！更何況，得失本來就很難有定論，這不是你常說的嗎？」

是啊，人生不是得到，就是學到。有時你以為自己得到什麼，很可能失去更多；有時你以為失去了什麼，反而得到更多。

一般認知失敗都是負面的，當然如果我們因此自怨自艾、追悔沮喪、一蹶不振，那的確是糟透的事；然而如果我們能記取教訓，從失敗中體悟或學到些什麼，那麼挫敗就成了正面的經驗，不是嗎？

可怕的不是失敗，是逃避

從小到大，我們一直被拿來跟人比較，比成績學歷，比身分地位、薪水財富，眼前只有一個被量化的成就指標，把人生過度簡化為「成」、「敗」兩種結果，卻忽略了生命是長期且持續累積的過程，絕不會因為單一事件而成就或毀掉一生。

曾有一位商學院的學生因經商失敗而跳樓自殺。商學院的學生經商原是理想的事，除了學以致用，還可以累積經驗。但商場難免起起落落，如果不能用豁達的心態看待得失，自然會「想不開」。看到那位自殺學生的父母痛不欲生的樣子，我不知道他們是否曾讓孩子明白失敗與成功、失去與得到之間，其實只有一步之遙；如果孩子明白失敗已讓他往成功邁進一大步，結局是否就完全不同？

在學校也常看到學生遇到感情失敗時，總會被憤怒、難過、哀傷沖昏頭，進而自暴自棄，將一切不順都當成分手帶來的後遺症，因此荒廢課業，做事漫不經心，最後變成書也讀不成、事也做不好，甚至還選擇輕生。

大家很少去思考，每段感情的結束都有原因，沒有一段感情從開始到結束都是「錯的」或「沒意義的」，關鍵在於自己從中有沒有學到什麼，就像有位哲人說的：「愛情是一位偉大的導師，能教我們重新做人。」如果能重新思考哪裡出了錯，並加以改善，便會成為更優秀的人，也會遇到更好的對象。

拉長視野來看，失去其實是得到

我從不覺得失敗有什麼不好，特別是對年輕人來說，畢竟是那些事讓我們更成熟，待人處事更加圓融；是那些日子讓我們的生命更加豐富。

所以在課堂上，我常勉勵學生不要怕考驗，不要怕失敗，掌握每一個機會去學習成長，不管成功與否，驀然回首都是一段精采的故事。凡走過必留下足跡；生命的每一個過程、每一個際遇，只要你經驗過，就不會白過。

回想當年，若不是聯考失敗，也不會下定決心奮發圖強；若不是投資被騙，也不會學習理財；若不是感情和生活曾一蹋糊塗，也不會懂得經營婚姻和家庭的重要；若不是遇到許多不平順的事，也不會有那麼多題材可以寫書……。很多事情，只有在未來回顧時，才會明白那些點點滴滴是如何成就自己。

「人生不是得到，就是學到。」我很認同這句話。說真的，當時要是知道那些失去的，會讓我得到那麼多，我也會請客！

南非人有一句諺語：「凡百禍患，皆是福根。」

佛家也說：「煩惱即菩提（智慧）。」

要不是受騙，你就不可能變得聰明；

要不是倒下，你就不可能站得更穩；

要不是打擊，你就不可能學會堅強；

要不是失敗，你就不可能造就現在的成功；

要不是因為分手，你就不會有機會認識更適合的人。

得失之間，全以你的視野而定。

如果你只看眼前，你就是失去；如果你可以拉長視野來看，你就是得到。

如果你注意失去，你就只有失去；如果你看見得到，你就真的得到。

過錯，別再錯過就好！

常有人問我人生建議，我只有六個字：不要怕，不要悔。

俗話說：「走過路過，不要錯過。」人生只有一次，每個經驗都是唯一。所以，有機會就該多嘗試和體驗，做錯了也沒什麼好後悔。一個害怕犯錯的人生，像是不曾活過的生命，那就算沒犯錯，也錯過了人生。

當你選擇一條路，就永遠無法確知選另一條路的結果

人總在諸多的選擇中游移、徘徊、舉棋不定，之所以無法決定是因為我們怕犯錯。「萬一選錯怎麼辦？萬一做了決定卻不如預期怎麼辦？」不論是結婚、生小孩、投資、買房子、換工作、搬到國外……，我們都怕做了讓自己後悔的選擇。

但你怎麼知道什麼是對或錯？如果你認為自己結婚、換工作或出國是錯的，那你怎麼知道不結婚、不換工作或不出國就是對的呢？

我說過，沒有錯誤的選擇，每個經驗都是值得學習的機會。不管你選擇Ａ或Ｂ，都會帶來截然不同的體驗。就像到水果攤，如果

你選擇香蕉，會嘗到香甜的滋味；如果你選擇檸檬，嘗起來很酸，但它卻有助美容瘦身。如果你受不了檸檬的酸，當然會後悔，你想也許選別的水果比較好，你真是悔不當初。但如果讓你重新選擇，你就會滿意嗎？未必，如果你選擇了香蕉，也可能因吃多了發胖而後悔。

人生是無法預料的；當你選擇一條路，就永遠無法確知選另一條路的結果。既然不確定，又要如何認定「假如當初」你選擇另一條路，就會更好？

誤了頭一班車而懊惱不已的人，往往會錯過下一班

人生道路並非一條直線，在當下發生的事件，不能代表整個故

事。你以為事情就是那樣，但事情跟你想得完全不同，你永遠預料不到事情會怎樣發展。

以飛機為例。飛機起飛後，強風、暴雨、氣流和其他因素，都會讓飛機偏離航道。事實上，飛機大約有九成的飛行時間是偏離航道的。不過關鍵在於，駕駛員會不斷修正失誤，最後總能抵達目的地。

看待過錯也一樣——要轉頭，不要回頭。生命是往前走的，我們應該轉頭看看，在錯誤中有沒有學到什麼，而不是在頻頻回首中遺憾感慨；因誤了頭班車而懊惱不已，又會錯過下一班。

曾聽過一個小故事：

一個男子錯過了一般列車，但卻絲毫沒有不悅或懊惱的神情，反而愉悅地微笑著。別人問他：「你剛才只要加快腳步就能趕上了，你不覺得很可惜嗎？」他回答：「是很可惜，但換個角度想，下一班車來我就是第一個了！」

是的！車子走了就走了，事情錯了就錯了，沒什麼好怕，也沒什麼好後悔的。其實，走了太陽，還有月亮。過錯，只要別再錯過就好！

在人生道路上，只有新的路，沒有錯的路。

放輕鬆，事情跟你想得不一樣，不一定有什麼不好。如果事事如你所想，人生也會失去了偶爾得到的意外驚喜和可能性。試想，如果你的人生風景，從路頭就能看到路尾，不是很無趣嗎？

其實，生命並非如此對錯分明，反而是選擇之後，靠你的力量把選擇變成對的。路的盡頭，仍是路。

每個選擇也沒有真正的好與壞，因為每條道路都有不同風景，只要把人生看成是自己獨一無二的創作，就永遠不可能走錯。

等等！別急着判斷

「為什麼不好的事會發生在好人身上？」在失去某樣東西或發生不好的事情時，常聽到人們這麼質問。但什麼是「不好的事」，你真的能確定嗎？

不論發生什麼，都是好事

這則莊子的趣聞，你或許聽過：

每次有人向莊子說些什麼，他都會回說：「好，很好！」這是他的習慣，所以偶爾會很尷尬，因為傳來的是壞消息，可他甚至沒聽清楚就說：「好，很好！」如果有人說：「我先生死了。」莊子就說：「好，很好！」彷彿沒聽見似的；若有人說：「我家昨夜被偷了。」莊子也說：「好，很好！」

某天有人對他說：「你兒子從樹上摔下來，跌斷了腿。」他隨即說：「好，很好！」因此人們以為他已經不曉得「好」這個字的意思了。

這天，村民集結前去問他：「你能告訴我們，你所謂的『好』是什麼意思？因為無論我們向你說什麼，甚至是不幸或噩耗，你都說『好』。今天早上你兒子從樹上掉下來，跌斷了腿，他是你老年的倚靠，現在卻換成你要照顧他，這是個不幸，而你卻稱好？」

莊子說：「等等！生命是無法預期的。」

事隔一年，莊子所在的國家與鄰國發生戰爭，年輕人都被徵召入伍，只剩莊子的兒子沒去，因為他的腳跛了。於是村民說：「你真是料事如神，當你稱好時，事情就變成好的。」

莊子說：「等等！別急，世事難料。」

不久，他兒子跟一位女子訂婚，沒想到女方隔天就毀婚，因為他們發現他再也無法走路。於是人們又說：「到頭來似乎還是一樁不幸。」

莊子說：「等等！別那麼急著判斷。」

一週後，那位本來要嫁給他兒子的女子竟然猝死了。這回村民又來向莊子說：「你怎麼知道？你是不是早就預測到她會死？」

莊子說：「等等！別急！」

一個已經看透人生的人不會去判斷，不會試圖去避開任何事，因為他知道不論發生什麼，都是好事。

太好了！太好了！

我知道一般人很難相信，尤其是日子過得很艱難，或是受到傷害，遇到挫折、災難的人，一定會認為這根本是胡扯。

「現在工作艱難、生意難做，也是好事？」是的，你應該慶幸自己擁有這份難搞的工作或生意，若不是這樣，也許任何人都可以取代你。

「那我生病住院，又該怎麼說？」這樣你才懂得照顧自己，開始注意身體健康，改變飲食或作息，定期健檢，說不定還開始運動。這也算好事一件，不是嗎？

「我愛的人跑了，我心情糟透了，我不知道沒有她的日子要怎麼過下去？」你怎麼知道過不下去？沒有她，你會過得更好。

「那我呢？我跟先生離婚，他還說他從沒有真心愛過我，這難道也是好事？」沒錯，這真是不幸中的大幸，如果妳先生很愛妳，妳現在不是更痛苦嗎？

有位老先生經常說：「太好了！太好了！」日子久了，這句話就成了他的口頭禪。即使遇到一連下了好幾天暴雨，很多人為天氣不能放晴而大發牢騷時，他也說：「太好了！太好了！這些雨要是一天內全部下下來，不就會到處洪水成災了嗎？老天把雨水分成好幾天下，這不是很值得慶幸嗎？」

有一次，他太太患了重病，他的朋友認為這次他總不會再說太好了吧？於是大夥特地跑去探望他太太。一進大門，就很急切地問道：「貴夫人的病嚴不嚴重啊？」誰知道老先生還是說：「太好了！太好了！」朋友們聽了不由得火冒三丈，質問道：「你太太生病，正痛苦地躺在床上，你卻說『太好了』，這也未免太過分了吧！」

老先生很無奈地回答：「你們不知道，我活這麼大把年紀，從年輕到老，始終是太太在照顧我。這次她生了病，讓我有機會好好照顧她，以報答她平日照顧我的恩情，這種事情不算好嗎？」

是的，一切都是好事——那就是為什麼不好的事情會發生在好人身上。

人們有時會抱怨：「為什麼生命有各式各樣的煩惱？為什麼我會有這麼多問題，這麼多痛苦？」

答案是，你沒有從正確的觀點看事情。所有的壞事，都是我們選擇了「壞事」這個名詞，把它們稱為壞事。

因此，不要急著判斷，也不要譴責，因為你不知道事情為何會發生，也不知道它會帶來什麼樣的結果。

我的人生經歷過幾次挫折，每當跌入谷底時，我總會告訴自己：「前頭有個更大、更好的東西等著我。」

如果你現在已經跌到谷底，那代表你準備要往上爬了。一切只會變得更好，不是嗎？

這輩子最好的就是現在

長久以來，我們都認為幸福在未來的某個時間或地方；我們總是說：「等我……以後，我要如何如何……」

小時候，你說：「等我長大以後，我要……」當你長大之後，你說：「現在還不是時候，等我考上大學、找到工作、結婚、事業有成、孩子都長大了之後，我要如何如何……。」

我們看到很多人，該做的事，該度的假，該盡的孝道，以及答應的承諾，一再跳票。等放假再說；等升遷再說；等有錢再說；等退休再說；等我達成目標再說……。再說再說，直到病了、老了、遲了才後悔不已。

幸福是心靈一點一滴的滿足

人們常說要活在當下。為什麼要活在當下？簡單地說，只有當下這一刻才是真實的。如果我們能夠去體驗生命中的每一分、每一秒，幸福就在當下，而不是渺茫不可知的未來。

因此我們必須問自己，為什麼要等到未來？也許那個時刻永遠不會來臨；你心中所設定的目標永遠無法達成，那怎麼辦？

我們來到世界上並不是為了完成各式各樣的目標，也不是像火車一樣，只為了抵達各個城市而前進。因為美好的風景並不在目的地，而是在每一步路、每一個景，不論你在哪裡，幸福就隱身在每個當下，在自己的內心。也許是在下班的夜晚，抬頭突然瞥見滿月；在寒流來襲時，吃到一碗熱呼呼的湯麵；甚至有得吃、有得喝，睡得安穩，都是一種幸福！

幸福是心靈一點一滴的滿足；在日常生活的每一刻、每一個角落都有，不管有病在身或健康如常，每個人都能享受。不需要等有錢、有輛新車，不用等到週末的晚上，不用等到飛黃騰達。

如果你真的想做，為什麼要等到以後？

不要把幸福寄望在明天，因為明天是從今天而來。來臨的總是今天，你有什麼該去做、想去做，卻還沒去做的事嗎？現在就快去做吧！如果你真的想做，為什麼要等以後？

在醫院我見過太多這樣的人，在某次突發的意外後，眼看人生就要草草結束，他們最大的遺憾就是：「未曾好好活過。」也常聽到許多長者說自己匆匆來，匆匆去，這輩子簡直是白活了！

很多人在臨死前，常會感到莫大的追悔；如果能重新開始，他一定會過「完全不一樣」的生活。然而現在一切都太遲了，他才赫然驚覺自己錯過了，才覺得自己從沒有好好活過。這是多麼悲哀啊！

生命是一趟旅程，它並沒有最終的目的地，如果有的話，也是墓地。所以，千萬不要一直趕路，而忽略了沿途的美景。

幸福是旅程，而不是終點。這輩子最好的就是現在——活在現在，享受現在，那麼當下你就是幸福的！

戴爾．卡內基曾說：「我所了解有關人性中最可悲的事情之一是，我們全都有把生活挪後的傾向。我們全都夢想著地平線上方的某個神奇玫瑰園，卻不知去享受今天盛開在我們窗外的玫瑰。」

人們總是看著遠方的星光，卻遺忘了眼前的燈火；總是憧憬著未來的美好，卻忽略了當下的幸福，怪不得「人在福中不知福」。

「人生啊！當下都是真，緣去即成幻。」因為「當下都是真」，所以眼前的每一刻，都要認真地活；因為「緣去即成幻」，所以當事過境遷，就讓過去成為過去。

逝者不可追，來者猶未卜。最珍貴、最需要珍惜的即是當下——就現在，趁著玫瑰凋謝前，好好聞聞花香吧！

延伸閱讀

《格局，決定你的結局》
作者◎何權峰
定價◎二四〇元

看一個人的身價，要看他的對手；看一個人的品格，要看他的好友。

看一個人是否好命，要看跟誰比；看一個人是不是人才，要看擺在哪裡。

看一個人能爬多高，要看根基多深；看一個人能裝進多少，要看他空掉多少。

看一個人有沒有自信，要看他是否真的相信；看一個人能否度過難關，要看他的人生觀。

看一個人是否達成願望，要看他能否克服欲望；看一個人能否成就大事，要看他是否注意小事。

看一個人是否成功，不是看他贏多少人，要看他成就多少人；看一個人的結局，要看他有多大格局。

想像你是一個杯子，你能裝多少水，了不起就這麼一小杯，對嗎？你拿一加侖的容器，就裝載一加侖的水。決定你接收多寡的，即是你容器的大小，至於接收的內容是什麼並無差別。

不管是侮辱、批評、攻擊，或是得失、成敗，對一個心胸「開闊」、有「大器量」的人來說，就像一個大湖，如果你丟一根火把，它很快就會熄滅；你丟進一包鹽，很快就會被稀釋。

反過來，如果你把一大把鹽倒入一杯水中，這杯水能下嚥嗎？

當人遇到一點小問題、小困難，為什麼那麼容易生氣、挫敗、難以消受？沒錯，是因為格局太小。

宋朝蘇軾的〈後赤壁賦〉中有兩句話：「山高月小，水落石出。」在高山的反襯下月就變小，當水落下石子就顯露出來。人不也一樣，當失意、山窮水盡時，最能顯露一個人的真實面貌——氣度變大，抱怨就變小；胸襟變寬，路就變廣；格局夠大，問題就消失不見。

有個國王在牆上畫了一條線，他問身邊的智者說，誰能在不碰觸線的情況下，讓這條線變小一點。

所有人都覺得很困惑，他們認為那是不可能的！

然後其中一位智者走到牆邊，畫了一條比較大的線在旁邊，那條較大的線並沒有觸碰到原來那條線，但當那條較大的線被畫出來時，第一條線就變小了。

山高，讓你感覺到月小，但其實月並未變小，還是一樣大；水枯，讓石頭露出較多，但其實石頭並未移動，還是保持穩定。不管遇到任何難題，你還是你。

人生的局面在你怎麼看自己；在你所認識的人；在你說的每句話；在你給人的感覺；在你做事的態度；在你經歷的遭遇；在你的每個念頭；在你的所作所為。你需要的是「畫出一條更長的線」。

箭，本身沒有勁道，可是放在拉滿的弓上射出去，就可以射得很遠；湖水看起來是靜止的，讓它決堤往谷底一瀉下，石破天驚。看一個人的結局，就在格局。

高寶書版集團
gobooks.com.tw

HL 050
眼界，決定你的世界
作　　者　何權峰
編　　輯　余純菁
排　　版　趙小芳
美術編輯　黃鳳君
出　　版　英屬維京群島商高寶國際有限公司台灣分公司
　　　　　Global Group Holdings, Ltd.
地　　址　台北市內湖區洲子街88號3樓
網　　址　gobooks.com.tw
電　　話　(02) 27992788
電　　郵　readers@gobooks.com.tw（讀者服務部）
　　　　　pr@gobooks.com.tw（公關諮詢部）
傳　　真　出版部 (02) 27990909　行銷部 (02) 27993088
郵政劃撥　19394552
戶　　名　英屬維京群島商高寶國際有限公司台灣分公司
發　　行　希代多媒體書版股份有限公司/Printed in Taiwan
初版日期　2013年1月

國家圖書館出版品預行編目(CIP)資料

眼界，決定你的世界 / 何權峰著
-- 初版. -- 臺北市：高寶國際出版：
希代多媒體發行, 2013.1
面；　公分. -- (生活勵志；HL050)

ISBN 978-986-185-799-2(平裝)
1.人生哲學　2.修身
191.9　　　101027439

GOBOOKS
& SITAK
GROUP ©